상하이
센티멘털

이종철 지음

어문학사

서문

미국의 유명 작가 어니스트 헤밍웨이는 프랑스 파리를 두고 다음과 같은 말을 남겼다. "젊은 시절 한때를 파리에서 보낼 수 있는 행운이 당신에게 따라준다면, 파리는 움직이는 축제처럼 평생 당신 곁에 머물 것이다." 유럽의 문화적 수도라 불리며 예술과 낭만의 도시로 이름난 파리의 매력을 잘 표현한 말이다. 동시에 젊은 시절에 타지에 가서 쌓은 경험과 추억이 한 사람의 인생에 큰 영향을 준다는 말이기도 하다.

자, 유럽에 파리가 있다면, 아시아에는 단연코 상하이가 있다. 그러고 보니 상하이는 한때 동양의 파리로 불리던 도시가 아니던가. 20세기 초 파리가 유럽 전역의 문화와 예술을 선도하며 화려하게 꽃을 피운 그때, 같은 시기 지구 건너편의 상하이 또한 아시아 최대의 도시이자 아시아의 문화수도로 명성을 날리고 있었다. 상하이가 더욱 특별했던 것은 동서양의 문화가 뒤섞이며 세계 어느 곳에서도 보지 못한, 독특한 도시문화가 피어났다는 점이다. 상하이는 즉각 뉴욕, 런던, 파리와 더불어 세계 4대 도시로 떠올랐다. 세계 곳곳에서 너도나도 상하이로 사람들이 몰렸고 세계적인 명성을 떨쳤다.

사실 상하이는 근대 이전에는 중국의 역사에서 거의 거론되지 않던 주변이었다. 아편전쟁 전까지 작은 어촌마을에 불과했던 상하이가 아시아 최대 도시로 부상한 것은, 서구 제국주의의 침략과 궤를 같이 한다. 내륙으로는 양자강과 연결되고 바깥으로는 태평양과 마주한 상하이는 그 지리적 이점으로 인해 강제 개항되었고, 앞다투어 몰려든 서구열강에 의해 개발·발전되었다. 아시아에서는 처음 경험해보는 서구의 근대 문물이 상하이에 들이닥쳤고, 마치 거대한 용광로처럼 동서양의 문화가 뒤섞였다. 동양의 파리, 마도, 모험가의 낙원 등등의 별명이 생겨났고, 전 세계가 주목하는 도시가 되었다. 사람이 몰려들고 돈이 넘쳐났으며 수많은 이야기가 만들어졌다.

하지만 상하이는 이후 또 한 번의 심한 굴곡을 거치게 된다. 신중국 성립 이후로는 치욕의 공간, 개조되어야 할 도시로 지목되어 철저히 눌려 있다가 개혁·개방이 본격화된 1980~90년대 이후로 다시 재부상하였다. 현재는 중국 경제, 문화의 최전선으로 중국의 발전을 견인하고 있고, 세계에서 가장 영향력 있는 도시 중 하나로 전 세계의 주목을 받고 있으며, 그 독특한 매력과 감성을 내뿜으며 많은 여행객들에게 사랑받는 도시로 유명세를 타고 있다. 이렇게 볼 때 상하이는 유독 짧은 시간에 여러 굴곡을 거쳤고, 그 안에 많은 사연을 담고 있는 도시, 다시 말해 자신만의 뚜렷한 특색과 컬러를 가진 공간이라고 할 수 있다.

헤밍웨이가 젊은 날의 한때를 파리에서 보냈던 것처럼, 나는 상하이에서 청춘의 끝자락을 보냈다. 그의 말처럼, 상하이에서 보냈던 시간들은 나에게 있어 큰 자산이자 축제가 되었다. 앞으로도 그러할 것이다. 나는 그처럼 커다란 애정을 품은 상하이에 다양한 각도를 사용하여 입체적으로 그려내보려는 계획을 세웠다. 나는 이 책에서 상하이의 역사와 문화를 비롯한 여러 가지 객관적 면모와 개인적 경험, 추억을 자주 교차시켰다. 그리하여 상하이만이 갖고 있는 그 독특한 색깔과 느낌을 다양한 각도에서 살려내려 나름 애를 써보았다. 마지막 3부에서는 바깥에서 바라보는 상하이의 모습, 즉 조금 더 거시적인 관점에서 상하이의 현재와 미래를 바라보고자 했다. 부족한 대로 상하이에 대한, 또 다른 관찰이 되지 않을까 싶다. 이 책이 상하이를 좋아하고 사랑하는 이들, 그리고 앞으로 새롭게 상하이를 알아가게 될 이들 모두에게 조금이나마 도움이 되면 좋겠다.

2018년 가을

이종철

3부

밖에서 바라보는 상하이 … 267

1부
비와 안개, 여인의 도시

비, 안개, 그리고 뱃고동

누군가 나에게 상하이 하면 가장 먼저 무엇이 떠오르냐고 묻는다면, 나는 아마도 비와 안개를 얘기할 것이다. 그만큼 비와 안개가 많고 인상적이라는 말인데, 먼저 비에 대해 말해보자. 상하이의 비를 추억하자면, 먼저 추운 겨울, 마치 장마처럼 1주일 넘게 줄기차게 내리는 비가 떠오른다. 남방이다 보니 겨울에 눈이 거의 내리지 않는 대신 비가 잦다. 그런데 특이하게도 며칠씩 쏟아붓는 비가 많다. 온돌이 갖추어지지 않은 중국 남방에서 겨울을 나기란 녹록지 않다. 특히 상하이는 바다와 강을 끼고 있어 차가운 습기가 강한 편이라 더더욱 그렇다. 창문에 비닐을 치고 온풍기에 의지해서 겨울을 보내던 기억이 생생하다. 그런 와중에 일주일씩 비가 쏟아지면 몸은 으슬으슬해지고 마음은 우울해지기 십상이다. 하지만 나는 그런 상하이의 시리도록 차가운 겨울비가 좋았다. 그런 겨울이 지나고 강남의 봄이 찾아오면 속삭이듯 내리던 보슬비도 인상적이다. 생명력과 활기가 가득한, 그래서 더욱 사랑스러운 상하이의 봄비.

자, 한여름의 소나기를 말할 차례다. 많이들 아는 대로 상하이의 여름은 악명 높은데, 40도를 웃도는 날이 많다. 여름엔 나

다니지 않는 것이 상책이다. 숨막힐 듯한 더위가 기승을 부리는 그 여름날, 그러나 반가운 비가 있다. 마치 오랜 갈증을 깔끔하게 해소하듯 퍼붓는 장대 같은 소낙비가 있다. 포서와 포동을 오가는 배에 올라 황포(黃浦)강 위로 사정없이 쏟아지는 소나기를 바라보는 것은 꽤나 근사하다. 사정없이 퍼붓다가 또 언제 그랬냐는 듯 그쳐버리고 마는 상하이의 여름 소나기.

그리고 안개, 상하이의 안개를 말해보자. 상하이를 가로지르는 황푸강 위로 피어오르는 그 새벽안개가 떠오른다. 방학 때 잠시 귀국하려고 학교 근처 오각장(五角場)에서 리무진 버스를 타고 공항에 가는 길, 푸동 국제공항으로 가기 위해서는 황푸강을 건너기 마련인데, 아침 황푸강의 희뿌연 안개, 나는 그 안개를 사랑했다. 모든 과정을 마치고 상하이를 떠나가던 날 아침, 안개에 싸인 황푸강을 건너며 나는 상하이의 안녕을 빌었다. 그리고 3년여를 살던 사평로, 국정로 거리를 에워싸는 그 밤안개, 늦은 밤 와이탄, 남경로나 인민광장 부근을 걸으며 만났던 그 숱한 안개의 날들, 그렇게 나는 청춘의 끝자락을 상하이의 안개 속에서 보냈던 것이다.

상하이는 중국 남동부 연안에 위치해 있다. 내륙으로는 장강의 지류인 황푸강이 연결되어 있고, 밖으로는 태평양과 마주하고 있다. 지난 세기 초 중국의 그 수많은 지역 중에서 상하이가 서구열강의 각축지가 된 것은 그러한 지리적 이점에 기인한 것이다. 앞서 언급한 것처럼 강과 바다, 즉 물의 영향을 많이 받다

보니, 유독 비와 안개가 많은 곳이다. 그리하여 영국의 런던이 비와 안개로 유명하듯이, 중국에는 상하이가 바로 비와 안개의 도시로 꼽을 수 있는 것이다. 자, 상하이의 비와 안개에 대해 말했다. 개인적으로 또 하나 잊을 수 없는 것이 바로 상하이의 뱃고동 소리다. 강과 바다가 있는 지역이다 보니 수많은 배가 상하이로 들어오고 나간다. 상하이 어디에 있던지 뱃고동 소리는 익숙한 소리다. 상하이에서 3년여를 유학한 나에게 상하이는 그런 단편적인 이미지로 먼저 환기된다. 밤늦게 홀로 술 한잔을 기울일 때 멀리서 들려오는 은은한 뱃고동 소리는 적적한 마음을 달래주기도 했고, 새벽녘 잠에서 깼을 때 듣는 뱃고동 소리는 집 생각을 나게 했으며, 헤어진 연인에 대한 야속함을 끊임없이 불러일으켰다. 상하이를 떠나온 나는, 청춘을 세월의 강물에 떠나보낸 나는, 지금 그 모든 것이 그립다.

오각장 풍경

상하이 센티멘털

마도 상하이

상하이 사람들은 자신이 살고 있는 도시를 곧잘 마도(魔都)라고 부른다. 마도라, 규정하기 힘든 복잡한 상하이의 이미지를 잘 낚아챈 표현이다. 그런데 이 마도라는 별칭은 최근에 생겨난 새로운 표현이 아니다. 지난 세기 1930~40년대 이미 상하이를 지칭하던 표현이다. 그렇다면 왜 그런 괴이한 별칭이 생겨난 것일까.

아편전쟁 전까지만 해도 조그만 어촌마을에 불과하던 상하이, 그러나 남경조약의 결과로 강제 개항된 상하이는 이후 몇십 년 만에 아시아 최대의 도시로 탈바꿈한다. 뉴욕, 런던과 더불어 세계에서 가장 크고 화려한 메트로폴리스, 동서양의 문화가 혼합된, 사람과 돈이 넘쳐나는 모던 시티였다. 그리하여 당시 상하이를 한 번 다녀온 것만으로도 모던을 체험했다는 말이 나올 정도였다. 사람이 모이고 돈이 모이니 오락과 향락도 덩달아 흥하게 되었다. 당시의 상하이는 누군가에겐 일확천금을 벌 수 있는 기회의 땅이었고, 마약, 매춘, 조직폭력 등 각종 범죄가 횡행하는 공간이었다. 서구열강의 조계지, 계속되는 일본의 침략으로 반식민지가 된 공간, 조국의 미래를 걱정하는 수많은 애

올드 상하이

국지사들이 활동하는 곳이면서 또 다른 면에서는 모험과 기회의 공간이었던 곳, 다양한 국가가 뒤섞인 무국적의 땅, 한마디로 당시의 상하이는 뭐라 규정하기 어려운 용광로 같은 곳이었다. 그리하여 마도라 불리게 된 것 같다.

그러한 상하이의 이미지는 오늘날에도 이어지고 있는 듯하다. 와이탄, 남경로의 화려한 네온사인과 더불어 새로 들어선 푸동지구의 마천루들은 상하이가 예나 지금이나 화려한 국제도시임을 보여주는 반면, 뒷골목 구석구석에 아직 그대로 보존되어 있는 전통적인 요소들을 보면 상하이는 한두 마디로 규정할 수 없는 어떤 복잡다양한 공간임을 알려준다. 동양과 서양, 전통과 현대가 공존하며 다양한 모습을 보여주는, 만화경 같은 도시가 바로 상하이인 것이다.

동양의 파리

올드 상하이를 부르던 많은 별칭 중에 또 하나 인상적인 것이 바로 동양의 파리라는 명칭이다. 지금도 파리하면 쉽게 연상되는 여러 가지 이미지가 있지만, 근대의 파리는 지금보다 훨씬 더 화려하고 낭만적이며 문화적으로 풍성했던, 많은 이야기들을 품은 도시였다. 가령 근대의 징표라 할 수 있는 만국박람회가 프랑스 혁명 100주년을 기념하여 1899년에 파리에서 처음 개최되었다는 사실은 이를 상징적으로 증명한다. 파리의 랜드마크인 에펠탑도 이때 세워진 것인데, 당시 파리가 갖는 위상을 가늠해볼 수 있겠다. 수많은 일급 사상가, 예술가, 자본가들이 물밀듯이 모여들면서 파리는 세계 속 문화의 중심지로 위치했다는 것은 주지의 사실이다.

1930~40년대 상하이를 동양의 파리에 비유한 것은 여러모로 흥미롭다. 비록 서구열강의 침략으로 인한 강제적 개항과 열강의 조계지가 구획되면서 발전된 도시이긴 하지만, 분명 당시의 상하이는 유럽의 파리나 런던, 미국의 뉴욕에 못지않은 에너지와 활기가 넘치는 공간이었음은 확실하다. 게다가 당시의 상하이가 더욱 특이했던 점은 동서양의 문화가 뒤섞이며 어느 곳에

서도 보지 못했던 새롭고 다양한 문화가 형성되었다는 점이다. 아시아에서는 처음 경험해보는 화려한 도시문화가 펼쳐지면서 단지 상하이를 한 번 다녀오는 것만으로도 모던을 체험했다는 이야기가 나올 정도였다.

사실 중국으로서는 상하이가 서구열강에 의해 강제개항되고 반식민지화된 공간이었으니 상하이에 붙여진 동양의 파리라는 별칭이 불편하고 달갑지 않았을 수도 있다. 실제로 1949년 신중국이 성립된 뒤 상하이는 개조되어야 할 공간으로 지목되어 철저히 억눌리기도 했다. 한편 당시 상하이는 그러한 정치적 불행과는 별개로 수많은 사람들이 몰리는 메트로폴리탄이었음에 분명하다. 중국인 스스로도 처음 경험해보는 화려한 도시문화를 적극적으로 받아들이고 향유했던 것도 사실이다. 그리하여 당시 상하이를 아시아의 문화적, 예술적 수도, 즉 동양의 파리라고 부르는 것이 전혀 어색하지 않았던 것이다.

상하이 센티멘털

올드 상하이 남경로

021
비와 안개, 여인의 도시

런던의 안개, 상하이의 안개

앞서 올드 상하이를 파리에 비유한 것에 관한 이야기를 했는데, 다음으로 하나 더, 개인적으로 상하이를 동양의 런던으로도 비유하고 싶다. 왜 하필 런던인가. 런던은 파리 못지않은 세계적 도시이자 유럽을 대표하는 문화의 중심지이기도 하고 가장 먼저 상하이를 개발한 나라가 영국이기도 하지만, 내가 상하이를 런던에 비유해보고 싶은 이유는 그런 배경보다는 기후와 분위기 때문이다. 그중에서도 바로 포그와 레인, 즉 안개와 비에 대한 이야기를 좀 하고 싶다. '런던 포그(London Fog)'라는 의류 상표가 있을 만큼 런던하면 즉각적으로 떠오르는 것이 바로 안개일 텐데, 상하이 또한 안개의 도시라고 말할 수 있다.

런던에는 왜 안개가 자주 끼는가. 런던은 대륙의 서쪽에 위치해 있고 대서양에서 불어오는 따뜻하고 습한 서풍 때문에 안개가 발생하기 쉬운 환경이 되는 것이다. 안개는 많은 예술가들에게 영감을 제공한다. 화가 클로드 모네는 안개 낀 런던의 풍경을 너무나 좋아하여 안개 낀 워털루 다리, 국회의사당 등을 화폭에 옮겼다. 철학자 버트런드 러셀은 아예 『런던의 안개』라는 제목의 에세이를 남기기도 했다.

안개 낀 상하이

상하이는 동부 연안의 해안도시다. 동쪽으로는 태평양과 마주하고 있고, 내륙으로는 양자강과 연결되어 있다. 영국 런던에 템스강이 흐르듯 상하이는 양자강의 지류인 황푸강이 시내를 관통한다. 이런 지리적 이유 때문에 상하이 역시 안개가 자주 끼고 비가 자주 내린다. 런던과는 다르게 상하이의 안개를 집중적으로 다룬 예술가는 없지만 아마도 상하이의 안개 역시 많은 예술가들에게 영감을 주었을 것이다. 물론 현재 런던의 안개나 상하이의 안개 속에는 자동차 매연이나 공장 매연 등 각종 유해물질이 존재할테지만, 한편으로는 도시를 낭만적이고 몽환적으로 채색하는 하나의 상징이라고 할 수 있을 것이다.

상하이는 황푸강을 기준으로 포서와 포동지역으로 나뉜다. 황푸강의 서쪽 강변을 와이탄이라고 부르는 것이고 이 와이탄을 따라 십리양장이 펼쳐진다. 이 황푸강변에 아침 안개가 지욱하게 피어오르면 무척 낭만적으로 느껴진다. 마치 유럽의 어느 도시를 걷는 듯한 느낌을 준다. 와이탄 주위의 화려한 네온 사인을 배경으로 피어오르는 밤안개 역시 독특한 분위기를 선사한다. 방학이 되어 잠시 귀국을 하게 되면 이른 아침 푸동공항을 가기 위해 버스나 택시로 늘 황푸강을 건넜다. 집에 간다는 설렘은 황푸강 위로 피어오르는 안개를 헤치며 더욱 배가 되었던 기억이 난다. 무사히 학업을 마치고 귀국하던 날, 안개 낀 황푸강을 건너며 나는 상하이의 안녕을 기원했다. 내가 살던 곳은 상하이 서북부 양포구 지역으로 와이탄에서는 버스로 20~30분쯤 떨어진 곳이다. 와이탄에서 오각장까지 연결되는 큰 도로인 사평로 위를 수시로 안개가 감싸 안았고, 나는 자전거를 타고 그 안개를 헤쳐나갔다.

상하이 센티멘털

근대 도시문화, 모던의 상징

개혁, 개방이 본격화되던 1990년대 이후 중국에서는 올드 상하이를 호출하고 소비하기 시작했다. 1949년 신중국 성립 후 상하이는 의도적으로 억눌렀고 화려했던 올드 상하이는 비유컨대 박제가 되어버렸다. 새로 출발하는 중국의 입장에서 상하이는 치욕의 역사 공간, 자본주의의 병폐가 완연한, 지우고 싶은 공간이었을 것이다. 그러던 상하이는 긴 잠을 끝내고 개혁, 개방의 본격적인 드라이브를 걸기 시작한 1970년대 말부터 다시 현대 중국의 중앙으로 재부상하게 된다.

주지하듯 아시아의 근대는 서구와 일본의 제국주의 침략과 궤를 같이 한다. 작은 어촌마을에 불과했던 상하이는 아편전쟁 후 불과 몇십 년 만에 아시아 최대도시로 부상하게 된다. 상하이는 베이징, 시안처럼 오래전부터 중요시되던 도시가 아니고 근현대에 들어와서 갑작스레 등장한 도시라는 점이 상당히 특이하다. 이후 상하이는 복잡한 정치적 상황과 별개로 서구의 온갖 근대문물이 말 그대로 물밀듯이 밀려와 아시아에서 한 번도 경험해보지 못한 화려한 도시문화를 꽃피우게 된다. 호텔, 백화점, 경마장, 나이트클럽, 카페, 아파트, 영화관, 전차, 자동

올드 상하이

차 등등의 신문물이 상하이를 가득 채웠고 중국은 물론 세계 전
역에서 수많은 사람들이 몰려들었다.

천재적 여류작가 장아이링(張愛玲)은 자신의 소설과 산문에
서 1930~40년대 상하이의 풍경을 정교하게 묘사하며 독보적인
풍경화를 완성한다. 가령 장아이링은 아파트에 살며 사생활이 보
장되는 아파트의 삶을 사랑했고, 자가용을 타고 남경로에 있는
영화관에 가서 할리우드 영화를 자주 보았으며 상하이를 누비

는 전차의 소음을 좋아했다. 잡지에 투고를 해서 원고료를 받으면 립스틱을 사러 백화점에 갔다. 그 모든 것들, 즉 화려한 도시문화를 즐기는 고고하고 세련된 20대 젊은 여성의 일상은 1940년대 상하이에서 펼쳐진 것이다.

중국 현대문학의 거대한 산이며 중국 민족혼의 표상으로 일컬어지는 대작가 루쉰(魯迅)도 종종 자동차를 타고 시내 영화관에 가서 영화를 즐겼다는 점은 조금 뜻밖의 느낌으로 다가온다. 그리고 상하이 도시문화를 대놓고 사랑한 젊은 작가들은 댄디보이. 모던걸을 자칭하며 카페, 영화관, 나이트클럽을 자신들의 주요 활동무대로 놓고 이른바 중국 최초의 도시문학을 탄생시키기도 했다. 수많은 모던보이, 모던걸들이 그렇게 도시 상하이를 활보했던 것이다.

여인의 도시

도시는 종종 여인에 비유되곤 한다. 화려하고 감각적인 모습 뒤에 감춰진 그늘과 우울, 그리고 드라마틱한 사연들, 그래서 그런 것일까. 아니면 활짝 만개한 뒤로 천천히 찾아오는 쇠락의 모습을 가진 도시가 많아서일까. 그렇다면 상하이야말로 여인의 일생을 투영시키기에 좋은 도시다. 과거 올드 상하이에 대한 향수와 인상이 유독 강한 상하이는 여인의 굴곡진 삶과 많이 닮아 있는 듯하다.

현대 상하이를 대표하는 여류작가 왕안이(王安憶)의 소설 『장한가』는 상하이의 한 여인의 삶을 따라가는 내용을 담고 있는데, 1940년대 미스 상하이로 뽑힌 왕치야오의 굴곡진 삶을 따라 상하이의 격변과 슬픔을 유려하게 담아냈다.

1940년대 상하이를 대표했던 천재적 작가 장아이링은 아예 대놓고 자신이 얼마나 상하이를 사랑하는지를 말했고, 아파트, 백화점, 영화관, 전차 등을 세밀하게 묘사하여 당대 상하이에 대한 세련된 풍경을 담아냈다. 그녀의 작품에서 묘사된 상하이는 근대문물이 화려하게 꽃피운 공간이었다. 물론 그녀의 여러 작품에서 묘사되는 상하이 여인의 삶은 신산스럽고 불안하다. 신구

문화와 동서문화가 정신 없이 뒤섞이던 과도기 상하이에서 여성으로 살아내는 것은 녹록지 않았고, 장아이링은 그런 여인들의 삶과 슬픔을 정교하게 담아냈던 것이다.

영화 장한가

현재의 상하이는 중국 어느 곳보다 화려하고 활기차다. 홍콩, 도쿄, 서울이 그렇듯이 상하이 역시 화려하고 변화무쌍한 모습을 가진 대도시다. 주거, 쇼핑, 문화시설이 잘 갖추어져 있으니 살기에 편리하고 활기가 넘치며, 특히나 많은 여자들이 그곳에 살기를 선호한다. 상하이는 중국에서 여자들의 지위가 높기로 유명한 도시이기도 하다. 신중국이 시작되면서 내걸었던 캐치프레이즈 중에서 남녀평등은 주요한 과제였고, 그를 통해 중국사회에서의 여인의 지위는 실제로 많이 바뀌었다. 그리고 여성의 지위가 가장 높은 곳으로 지목되는 곳이 또한 상하이다.

많은 중국인들은 중국사회가 남녀평등의 사회라고 말하지만 사실 여자는 여전히 사회적 약자다. 하지만 적어도 상하이만큼은 사정이 다르다고 하겠다. 상하이 여자들의 위치, 혹은 특징을 두고 많은 우스갯소리가 나오는 것도 그런 맥락에서일 것이다.

개방, 그리고 융합

중국은 면적이 워낙 크다 보니 지역별로 많은 차이를 갖는다. 상하이는 흔히 베이징과 비교를 많이 하는데, 각각 남북을 대표하는 대도시로 그럴 만하다. 중국의 수도로서 정치의 중심지가 베이징이라면, 상하이는 경제, 문화의 중심지로 이야기된다. 또한 예로부터 베이징과 상하이를 비교할 때, 베이징은 성(城)의 도시, 상하이는 탄(灘)의 도시라는 표현을 종종 한다. 이 역시 두 도시의 특징을 잘 잡아낸 말이다. 즉 베이징은 성으로 둘러싸인 구조로 폐쇄적인 면이 있고, 끼리끼리의 문화, 조직 문화가 발달한 반면, 상하이는 탁 트인 강변에 위치하여 누구나 자유롭고 평등하게 대면하고 그로 인해 개인주의가 발달했다는 설명이다. 또한 숨기고 가리지 않는 개방적이고 새로운 것을 발 빠르게 받아들이고 융합하는 특징을 갖는다.

아닌게 아니라 상하이는 지금도 중국의 다른 어느 지역보다 개방적이고 자유로운 분위기가 있다. 아시아 최대 도시이자 문화적 수도로서 수많은 사람들을 수용했던 근대 상하이의 전통을 이어받아서일까. 세계의 거의 모든 나라 기업들이 상하이에 들어와 있고, 수많은 외국인들이 활동하고 있다. 상하이 곳곳에 쭉쭉 뻗은 마천루는 중국의 맨해튼이라는 표현에 잘 들어맞는다. 그러나 상하이를 상하이답게 만드는 것은 사실 외연적인 화려함이 아니라 무엇보다 상하이에 살고 있는 사람들의 마인드일 것이다. 일찍부터 익힌 국제적인 감각, 지역적, 사회적 특성에서 비롯되는 상하이 특유의 개방성, 높은 생활수준 등이 상하이를 다른 지역과 구별 짓는다고 할 수 있다.

작가 장아이링은 자신의 에세이 『역시 상하이 사람이다』라는 글에서 상하이 사람의 특징을 "트여 있음"으로 묘사했다. 또한 자신을 포함한 상하이인들을 두고 다음과 같이 묘사했다. "상하이 사람들은 전통 중국인에다 근대의 빡빡한 생활상의 연마를 더한 사람들이다. 신·구문화가 종종 뒤섞여서 그 결과 아마도 그리 건강하진 않겠지만 그러나 여기에 일종의 신기한 지혜가 있는 것이다."

032
상하이 센티멘털

상하이 풍경

비와 안개, 여인의 도시

상하이, 야누스의 얼굴

자, 앞서 서술한 대로 상하이를 동양의 파리, 아시아 최대의 국제도시, 화려한 도시문화를 자랑하는 메트로폴리탄으로만 본다면 그것은 상하이의 반쪽만을 본 것에 지나지 않는다. 올드 상하이든 오늘날의 상하이든 상하이는 항상 극과 극의 대립항을 극명하게 보여주는 공간이기 때문이다. 예컨대 사람들은

쉬자후이 일대

쭉쭉 뻗은 푸동의 마천루를 바라보며 발전하는 중국의 오늘과 내일을 가늠하는 동시에, 포서인 와이탄에 자리한 십리양장(十里洋場)의 근대 건축물을 보며 올드 상하이를 그리워한다. 개항과 동시에 급격하게 발전한 상하이는 예로부터 부자들에게는 천국이요, 가난한 자들에게는 지옥 같은 도시로 악명이 높았다. 과거 조계라는 치욕의 역사를 가졌던 공간임과 동시에, 그 역사의 흔적이 대표적인 관광지가 된 도시, 그곳이 또한 상하이인 것이다. 신천지, 남경로, 회해로, 쉬자후이 일대에 즐비한 고급 백화점, 명품숍, 카페, 바, 레스토랑, 호텔 및 거리를 가득 채운 온갖 호사스럽고 고급스러운 명품을 즐기고 소비하는 상류층만 상하이에 있는 것이 아니다. 포서의 허름한 뒷골목을 삶의 터전으로 삼고 하루하루 근근이 살아가는 서민들도 있고, 잘 살아보겠다는 부푼 꿈을 안고 무작정 상하이로 와서 정말 힘들게 하루하루를 견디는 이들도 많다. 그들에게는 호화롭고 낭만적인 상하이의 이미지가 자신들의 것이 아니라고 느낄 수 있다. 그 외에도 수많은 대립적 요소들을 품고 있는 곳이 바로 상하이다.

자, 그렇다면 오늘날 상하이를 상하이답게 만드는 진짜 모습은 과연 무엇일까. 중국의 발전을 상징하는 푸동의 저 화려하고 거대한 고층 숲일까, 마치 유럽에 온 것 같은 느낌을 전해주는 와이탄의 유럽식 건축물들일까, 아니면 숨겨진 정원과 같은 예원의 고요함인가, 수많은 사연을 품고 도도히 흐르는 황푸강

일까. 혹은 개방적이고 국제적 감각을 가진 상하이인들 자신일까. 새로 조성된 젊음의 거리 신천지에 있을까. 수많은 사람들을 불러 모으는 엑스포공원, 디즈니랜드는 어떤가. 사실 그러한 질문 자체가 무의미할 수도 있다. 그런 수많은 것들이 더해지고 녹아들면서 상하이라는 도시, 개념이 완성될 것이기 때문이다. 그럼에도 분명 상하이는 중국의 여타 다른 도시들과는 다른, 말로는 설명하기 어려운 상하이만의 무언가를 가진 공간이다.

베이징 VS 상하이

중국의 수도 베이징과 중국 경제 문화의 중심지 상하이는 오래전부터 라이벌 관계를 형성했다. 소위 북방과 남방을 대표하는 도시로서 두 도시 간에는 수많은 말들이 있어왔다. 그중 특히 흥미로운 분석으로 다음과 같은 것이 있다. 가령 가장 대표적인 것이 앞서도 언급했듯이 베이징은 성의 도시, 상하이는 이른바 탄의 도시라는 것이다. 알다시피 성이라는 것은 가둠, 울타리라는 의미와 속성이 있다. 즉 성의 안과 밖의 경계가 확연하며 그 안은 은밀한 법이다. 베이징은 정치 중심지로서 관료, 학생이 주축이 되는 엘리트 문화가 발달했다. 그렇다 보니 관 주도의 문화를 형성, 엘리트 문화로 대변되는 높은 문화수준을 겸비한 공간이다. 성의 도시답게 베이징 사람들은 이른바 끼리끼리 문화가 강하다. 관료 문화, 학생 문화, 문인 문화, 서민 문화 등등 여러 울타리 문화가 존재한다. 사람들은 각자에게 맞는 울타리를 찾아 그 속에 들어가려 애쓴다. 집단의식도 그만큼 강하다.

반면 상하이는 탄이 도시, 즉 강변의 도시로 개방되어 있다. 숨길 것도, 그럴 공간도 없다. 상하이는 갑자기 개방되어 커진

비와 안개, 여인의 도시

도시로, 누구에게나 열려 있고 따라서 평범한 사람들이 많이 유입되었다. 누구나 자유롭게 활동할 수 있고 또 누구에게나 개방되어 있는 도시가 바로 상하이다. 이처럼 개인과 개인이 만나기 때문에 개인의식이 강하다. 상하이의 문화는 이른바 신흥 도시문화다. 중국의 전통적 사고와 서구의 문화가 융합되어 녹아들어간 특징을 가지고 있다. 다시 말해 다양한 곳에서 온 사람들이 뒤섞여 어울리면서 상하이만의 독특한 문화가 형성된 셈이다. 상하이 문화는 베이징과는 다르게 엘리트가 주도하는 것이 아니라 시민의 토양에서 길러졌다. 즉 다양한 계층과 문화를 가진 사람들이 서로 어우러질 수 있는 시민 문화가 상하이의 특징이다.

홍콩과 상하이

홍콩도 종종 상하이와 비교의 대상이 된다. 고도로 발달된 도시문화, 동서양의 혼재, 경제, 문화, 쇼핑의 중심지, 또한 바다와 마주하고 있고 도시를 관통하는 강이 있다는 점 등등 여러 공통점이 있다. 이렇듯 홍콩과 상하이는 오래전부터 아시아에서 손꼽히는 거대도시이며 국제도시이다. 역사적으로 보면 상하이와 홍콩은 아편전쟁이 낳은 쌍생아라고도 할 수 있다. 아편전쟁에서 영국에 패한 중국은 홍콩을 영국에 할양하고 상하이를 개방했고 두 도시 모두 서양화 과정을 거쳤다. 작은 어촌에 불과했던 상하이와 홍콩은 이후 급속도로 발전하였고 거대도시로 발돋움하게 되었던 것이다.

비슷한 과정을 거쳤지만 두 도시가 꼭 같은 길을 걸은 것은 아니었다. 상하이도 강제로 개항되어 급속한 서구화의 과정을 거쳤지만, 홍콩이 영국의 식민지였던 것에 비해 상하이는 어느 특정 국가에 의해 완전히 점령되지는 않았다. 1938년 상하이가 일본의 침략을 받자 상하이의 많은 인사들이 홍콩으로 남하하였고, 홍콩은 상하이의 영향을 크게 받게 되었다. 수많은 문화, 예술, 재계의 거물급 인사들이 자본을 들고와 홍콩에서 새롭게 활동을 시작했다.

　1980년대 이래 홍콩에서는 올드 상하이에 대한 관심이 증폭되었는데, 이는 아마도 곧 다가올 홍콩의 예정된 미래, 즉 본토로의 반환을 가늠해볼 수 있는 대상으로 인식해서였던 것 같다. 이처럼 홍콩과 상하이는 오래전부터 서로를 비추어보는 거울과도 같은 존재였는지 모르겠다.

무비, 상하이

나는 청춘의 끝자락을 상하이에서 보냈다. 서른 살에 유학을 가서 서른셋 졸업할 때까지 3년여를 상하이에서 살았다. 바쁜 직장인이 아닌, 생각하기에 따라서는 자유와 시간이 넘쳐나는 학생의 신분으로 살다보니 색다른 시각에서 상하이를 관찰했던 셈이다. 당시 나는 현대의 상하이보다 1930~40년대의 올드 상하이에 더 관심을 가지고 있었는데, 앞서도 여러 번 얘기했듯이 올드 상하이는 낯선 이방인에게도 강렬한 매혹이었다. 아시아에서는 한 번도 경험해보지 못한 화려한 도시문화, 말 그대로 신세계였던 당시 상하이의 흔적은 지금도 곳곳에 남아있는데, 나는 틈나는 대로 올드 상하이의 흔적을 뒤지며 과거로의 여행을 떠나곤 했다.

가령 올드 상하이는 당대 중국영화 산업의 메카였다. 지금이야 영화하면 홍콩을 떠올리는 이들이 많겠지만, 그 원형은 30년대 상하이로 거슬러 올라간다. 30년대 상하이는 아시아에서 가장 크고 화려한 도시답게 수십 개의 극장과 영화사가 호황을 누렸고, 일 년에 수백 편의 영화가 만들어졌다. 말 그대로 아시아의 할리우드가 바로 상하이였다. 할리우드 영화가 미국과 동시에 상영되었고, 김염, 완령옥, 호접, 주신과 같은 중국의 전설적 스타들이 활약하던 곳, 그들의 흔적은 지금도 곳곳에 남아 있다. 가령 당대의 일류 영화관인 대광명영화관, 국태영화관 등은 지금도 굳건히 자리를 지키고 있는데, 극장 안에는 30년대 전성기 시절의 사진과 당대 톱배우들의 사진이 걸려 있다. 그것을 보고 있노라면 묘한 기분이 들면서 애틋한 감정이 생긴다. 우리 한국인 출신으로 30년대 중국 영화계를 주름잡으며 이른바 중국영화의 황제가 된 김염, 당대의 톱스타였지만 자살로 안타까운 생을 마감한 완령옥, 중국의 그레타 가르보라 불린 호접 등등의 젊은 시절 모습은 신선하고 매혹적이다. 중국의 많은 영화인들이 아직도 상하이에서 살고 있고, 중국에서 규모가 가장 큰 국제영화제 역시 상하이에서 열린다. 뿐만 아니라 상하이 외곽에는 30년대 상하이를 그대로 재현한 대규모 세트장이 있어 당시를 배경으로 하는 수많은 영화와 드라마가 촬영된다.

그리하여 웅장하고 이국적인 상하이 와이탄을 걷거나, 아기자기하고 낭만적인 풍경을 간직한 프랑스 조계지역을 걸을 때면 종종 마치 영화 속 한 장면을 걷고 있는 듯한 착각에 빠질 때가 있다. 문득 김염과 완령옥, 호접, 주신 같은 당대 상하이를 주름잡았던 스타들을 만날 것 같은 착각 말이다. 물론 그들을 만날 수는 없지만, 실제로

국태 영화관

나는 상하이에 살면서 중국의 톱배우들을 여럿 만났다. 예컨 대 호군, 유엽 같은 대륙의 스타와 이가흔, 관금붕 같은 홍콩의 톱배우, 유명감독 등을 만나서 영화에 대한 이야기를 나누곤 했다.

비와 안개, 여인의 도시

번드, 와이탄

　상하이를 상징하는 풍경은 여러 가지가 있을 테지만, 역시 가장 유명한 곳은 상하이 번드, 즉 와이탄일 것이다. 황푸강을 마주한 채 늘어서 있는 만국의 건축물들은 상하이를 마치 서구의 한 도시로 느끼게 할 만큼 이국적인 경치를 조성한다. 서구인들이 상하이 번드(Shanghai Bund)라고 부른 와이탄의 풍경은 사실 아픈 역사의 흔적이지만, 역설적으로 그 풍경은 상하이를 상당히 낭만적인 도시로 채색하고 있다. 어둠이 내려 와이탄 일대에 조명이 들어오면 낮과는 완전히 다른 모습으로 탈바꿈하는데, 그 또한 장관이다. 강 건너에는 푸동의 마천루가 화려한 야경을 더하며 강렬한 인상을 선사한다. 반대로 강 너머 포동 쪽에서 바라보는 와이탄의 모습 역시 예술이다.

　와이탄은 본래 강물이 수시로 범람하던 평범한 강변이었다. 그것을 영국이 대대적으로 간척사업을 벌여 지금의 와이탄을 만든 것이다. 제방을 쌓고 바닥을 메꾸어 근대적 도로를 완성시켰다. 이렇게 만들어진 강변도로에 은행, 호텔, 시계탑 등이 차례로 들어서게 되고 계속해서 새로운 건축이 지어졌다. 소위 십리양장이란 말도 여기서 나온 것이다.

와이탄

　초기 와이탄의 건축은 영국이 주도했고, 빅토리아 시대 고딕
양식의 건물들이 먼저 와이탄을 수놓았다. 1930년대에 이르자
신흥대국 미국이 영향력을 발휘하기 시작했다. 당시로서는 초
고층인 20층대의 건물들이 줄줄이 들어서며 호텔, 영화관, 백화
점, 아파트 등등이 미국 스타일로 지어졌다. 바야흐로 와이탄은
뉴욕 맨해튼과 비교되기 시작했다.

비와 안개, 여인의 도시

물의 도시 상하이

중국 강남지역은 대체적으로 물이 풍부하다. 중국에서 가장 큰 양자강을 필두로 수많은 강이 흐르고 있고, 태호, 서호, 동정호 등 엄청난 크기의 호수도 곳곳에 있으며 그러한 강과 호수에서 발원하고 가지치기한 지류들이 또한 수없이 많다. 물이 풍부하니 토지가 비옥하고 곡식과 물자가 풍부한 곳이 강남지역이다.

상하이 역시 물의 도시라고 할 만하다. 인근의 쑤저우만큼 도시 전체가 물길로 연결된 곳은 아니지만, 앞서 언급한 대로 양자강의 한 지류인 황푸강이 상하이를 관통하여 흐르면서 바다와 연결되니 상하이는 분명 물의 이미지를 가진 도시라 볼 수 있겠다. 뿐만 아니라 인근 무석의 태호에서 발원한 지류가 상하이 서남부를 구비져 흐르는데 오송강, 혹은 소주하라고 부르는 강이 또한 황푸강과 만난다. 비가 많고 안개가 많이 끼는 것은 당연히 물과 관련된 상하이의 지리, 기후적 환경 때문일 것이다. 상하이에 막 정착해서 비자를 새로 바꾸러 찾아간 비자 사무국이 오송강로에 있었다. 어, 상하이에 황푸강 말고 강이 또 있나 싶어 사람들에게 물어 오송강을 찾아본 적이 있었다.

오송강

황푸강에 비해서는 아주 작고 수량도 많지 않지만 오랫동안 상하이 사람들에게는 없어서는 안 될 젖줄이었을 것이다. 도시화, 공업화되어 오염도 많이 됐지만 말이다. 〈소주하(蘇州河)〉라는 영화가 있는데 바로 상하이 소주하를 배경으로 한 영화다. 소주하에 뛰어든 소녀가 인어가 되어 살고 있다는 판타지를 다루는 영화이기도 하다.

상하이에서 조금만 외곽으로 가면 곳곳에 한적한 수향마을이 많이 있다. 시탕, 주자자오, 저우좡 등등. 이처럼 상하이는 물과 밀접한 물의 도시이고, 나 역시 상하이의 그런 이미지를 무척 좋아한다.

강남 정원의 맛과 멋, 예원

상하이는 베이징이나 시안, 난징처럼 고대의 유적이 많은 도시가 아니다. 근대 이후의 화려한 도시를 만나기에는 더 없이 좋은 곳이지만, 중국의 여느 도시처럼 깊은 전통의 흔적을 찾기는 어렵다. 하지만 그렇다고 상하이에 볼 만한 유적이 없는 것은 아니다. 그렇다면 어디에 가서 무엇을 보아야 하는가. 맞다. 바로 강남 정원의 진수를 보여주는 예원(豫園)이 있다.

잘 알려져 있듯 예원은 명나라 관리를 지낸 반윤단이라는 사람이 18년에 걸쳐 완성한 개인 정원이다. 예원에는 무엇보다 효심이 깃들어 있다. 즉 예원은 반윤단이 자신의 부모를 위해 조성했다고 알려져 있다. 아기자기하면서도 조형미와 배치가 일품인 정원인데, 쑤저우에 있는 졸정원과 더불어 소위 강남 정원의 한 전형을 완성했다고 볼 수 있겠다. 처음 상하이에 와서 예원을 보았을 때는 사실 별다른 감흥이 없었다. 북경의 그 거대하고 화려한 궁전과 유적들이 떠오르면서 싱겁다는 생각을 했었던 것 같다. 하지만 상하이에 짐을 풀고 3년여를 살면서 여러 번 자세히 예원을 둘러보게 되면서 나름의 맛과 정취가 있다는 것을 깨달았다. 예원은 복잡한 도심 한가운데에 위치하고 있고, 상하이의 대표적 유적답게 늘 관광객으로 붐빈다. 또한 예원 주위는 중국 전통적인 분위기가 잘 보존되어 있고 일대가 커다란 상가를 이루고 있다.

예원은 사철 어느 때 가도 좋지만, 강남 정원의 진가를 맛보려면 역시 따뜻한 봄날에 찾는 것이 가장 좋다. 연못과 잘 어우러진 조경, 드리워진 나무가 생기 있게 변하고 꽃들이 만개할 때면 강남의 봄이 왜 아늑하고 낭만적인지 제대로 느껴볼 수 있을 것이다. 연못을 유유히 헤엄치는 팔뚝만 한 잉어들을 들여다보고 있으면 마음이 편안해진다. 정자에 앉아 잠시 시름을 잊고 과거로의 시간여행을 떠나보는 것도 좋지 않겠는가.

비와 안개, 여인의 도시

상하이 센티멘털

예원

051
비와 안개, 여인의 도시

상하이와 조계

주지하듯 20세기 초 상하이는 아시아에서 가장 크고 번화한 국제도시였다. 동양과 서양이 뒤섞이고 전통과 현대가 충돌하는 다층적이고 복합적인, 비유컨대 용광로 같은 곳이 또한 상하이였다. 서구의 근대문물이, 돈과 사람이 상하이로 물밀듯이 몰려들었고 상하이는 뉴욕, 런던과 더불어 세계 4대 도시로 명성을 떨치게 되었다. 상하이는 중국의 근대가 본격적으로 열리게 되는 창구가 되었다. 하지만 조그만 어촌마을이었던 상하이가 짧은 시간 안에 어떻게 그런 국제 대도시가 되었을까. 중국을 삼키려는 야욕을 가진 서구열강들과 일본 제국주의의 침략으로 반식민지 상태가 되어 조계지가 설치되면서 급격하게 발전한 곳이 또한 상하이이다. 그러다 보니 상하이는 어떤 각도에서 보느냐에 따라 매우 다양하고 다층적인 공간이 되었다.

오늘날 상하이 또한 개혁, 개방 이후의 눈부신 발전에 힘입어 과거 화려했던 상하이의 명성을 회복했고, 강대국 중국을 상징하는 대표적인 공간이 되었다. 전 세계가 상하이를 주목하고 있고 이에 따라 상하이에 대한 연구가 전방위적으로 진행되고 있다. 그런데 오늘날 상하이의 번영과 발전을 논하는 데 있어서 역사나 그 핵심은 지난 세기 조계의 역사와 밀접하게 연관되어 있다. 다시 말해 조계의 역사를 빼고는 오늘날 상하이의 발전과 상하이라는 공간의 정체성을 논하기가 힘들다는 것이다.

곧 현대의 국제도시 상하이의 형성과 그 정체성에는 분명 조계의 역사가 큰 비중을 차지한다는 것은 부인하기 어렵다. 이는 한편으로 중국인들 스스로에게는 치욕과 자부심이 동시에 뒤섞일 수밖에 없는 복합적이고 굴절된 형태로 자리매김된다. 그리하여 조계 속 올드 상하이와 현재의 상하이는 따로 떼어낼 수 없는, 복합적이고 연속적인 측면에서 호출되고 연결되고 있는 것이다.

비와 안개, 여인의 도시

상하이 센티멘털

조계지역의 옛건물

비와 안개, 여인의 도시

한국 작가들의 상하이 체험

대략 1920~40년대 상하이는 아시아에서 가장 큰 대도시로서 화려한 도시문화를 꽃피우며 소위 아시아의 모던을 상징했다. 세계 각지에서 사람들이 상하이로 몰려들었고 돈과 이야기가 넘쳐났다. 동서양의 문화가 뒤섞이고 전통과 현대가 격돌하며 말 그대로 거대한 용광로처럼 그 모든 것들이 혼재했다. 아시아에서는 생전 보지 못했던 서구의 문물과 사상이 물밀듯이 들어왔다. 은행, 호텔, 백화점, 경마장, 영화관, 나이트클럽 같은 근대 문물이 빠르게 들어서고 번성했다.

당시 아시아 일대는 서구와 일본 제국주의 열강의 침략으로 신음하고 있었다. 일본에 의해 강제 병합된 한국은 상하이에 망명 정부, 즉 임시정부를 두고 조국의 독립을 위해 싸웠다. 이처럼 당대 상하이는 한국 독립운동의 주요 거점지이기도 해서 우리와도 밀접한 관련이 있는 공간이었다. 그래서인지 우리 한국인에게 당시의 상하이는 그런 독립운동이라는 배경 하에서 주로 언급되고 다루어졌다.

하지만 당시 상하이를 독립운동 공간으로만 다루는 것은 단선적인 관찰이다. 거대한 국제도시답게 당시의 상하이에는 다양한 유형의 사람들이 모여 활동했다. 한국인에 국한시켜보더라도 당시 상하이에는 공부를 하러 온 유학생들도 있었고 일확천금을 노리고 온 장사꾼들도 있었으며, 김염, 정기탁과 같은 영화배우, 영화감독도 있었다. 또한 이른바 화려한 상하이의 모던을 체험하러 온 수많은 모던보이, 댄디걸들 또한 있었을 것이다. 최근 식민지하의 경성을 바라보는 시각이 과거와는 다르게 다양하고 폭넓어진 것처럼 상하이에 대해서도 보다 다각도로 살펴볼 필요가 있다.

당시 상하이를 다녀간 여러 한국 작가들이 있다. 예컨대 심훈, 김광주 같은 당대의 일급 작가들이 상하이에 머무른 바 있다. 심훈은 19세에 상하이에 건너가 3년간 살면서 대학 교육을 받기도 했다. 심훈의 상하이 체험은 훗날 소설 『동방의 애인』에 직간접적으로 투영되었는데, 조선의 청년 2명이 중국으로 망명하여 벌이는 비밀 활동과 러브스토리를 담고 있다. 유명작가 김훈의 아버지로도 잘 알려진 김광주는 1929년 상하이로 건너가 해방 때까지 그곳에서 살았다. 10년이 넘는 시간 동안 상하이에 머문 셈이다. 또한 상하이 남양의과대학에 입학했다가 중퇴한 이력이 있다. 김광주의 문학은 오랜 기간 중국생활로 길러진 이른바 대륙기질의 호방함이 하나의 특징으로 간주된다. 그중 『북평에서 온 영감』은 해외에 거주하는 지식인의 불안상을 묘사한 소설로 알려져 있다. 물론 그들은 당대의 지식인으로서 식민지 조국의 현실에 민감하게 반응하였고 아파했으며, 타지인 상하이에서도 시선은 고국을 향해 있었을 것이다. 또한 동시에 그들의 상하이 체험은 그들의 문학, 나아가 한국문학의 지평을 넓혔다고도 할 수 있다.

상하이 옛 거리, 성황묘, 예원상가

올드 상하이

예원 일대는 첨단도시 상하이와는 완전히 다른 분위기를 느낄 수 있는 곳이다. 우선 상하이 옛 거리를 재현해놓은 옛 상하이거리(老上海街)를 거닐다보면 시간여행을 하는 기분을 느낄 수 있다. 마치 고전 영화 속 한 장면에 들어온 것도 같고, 눈에 들어오는 볼거리들이 정말 많다. 옛날식 건물이 거리를 메우고 있고 건물마다 빨간 등이 달려 있다. 온갖 기념품을 파는 가게들이 즐비하고 오가는 사람들로 넘쳐난다. 첨단도시 상하이에서 전통 중국의 맛과 멋을 제대로 느낄 수 있는 곳이다.

인근에는 성황묘가 있다. 옛 도교 사원인데 한번쯤 들어가 구경할 만하다. 중국의 여느 사원이 그렇듯, 항상 많은 사람들로 붐비고 향냄새가 진하게 풍긴다. 저마다 사연을 가지고 간절한 마음으로 향을 사르고 기원을 올리는 모습을 보고 있으면 왠지 모르게 짠한 마음이 든다. 무엇을 저렇게 바라는 것일까. 누구나 바라듯 그것은 아마도 가족의 평안, 성공, 재물에 대한 기원일 것이다.

예원상가는 노상해가(老上海街)와 연결되며 수많은 상점, 음식점들이 빼곡하게 들어서 있다. 온갖 기념품과 특산품이 사람들을 불러 모으고, 유명한 만두가게를 비롯해서 많은 먹거리들로 관광객들을 유혹한다. 하늘 위로 치솟은 중국풍의 건물과 붉은색 기둥은 예원상가의 강렬한 이미지다. 상하이에 살면서 추석과 설날, 즉 명절을 앞두고 그 생기 있는 분위기를 좀 더 생생하게 느끼고 싶어서 예원 일대를 자주 찾았었다. 아무래도 객지에서 명절을 보내는 일은 평소보다 조금은 더 외로움을 느끼게 되는 시간이다. 그런 느낌을 떨치고 유쾌해지고 싶어서였던 것 같다.

상하이 센티멘털

남경로

    지난 100년간 중국에서 가장 화려하고 번화한 도로가 바로 상하이의 중심가, 즉 남경로(南京路)였다. 우리식으로는 소위 상하이의 명동이라고도 부르는데, 와이탄과 더불어 상하이를 상징하는 또 하나의 공간이 바로 남경로가 아닐까 싶다. 남경로는 와이탄과 연결된 여러 갈래의 도로 중 가장 큰 도로다. 그런데 왜 남경로라는 이름이 붙었을까. 이는 남경조약과 관련이 있다. 주지하듯 아편전쟁의 패배로 중국은 영국과 굴욕적이고 불평등한 남경조약을 맺게 된다. 홍콩이 영국에 넘어갔고 상하이를 포함해 5개의 항구가 개항되었다. 상하이에 조계지가 설치되고 서구의 근대문물이 물밀듯이 들어오면서 상하이는 몇 십 년 만에 엄청난 도시로 성장하게 되었다. 조계 초기 와이탄에 집중 조성된 서구 건축물은 조계가 확장되면서 기능 또한 분산되었고, 남경로는 상하이 최대, 나아가 중국 최대, 아시아 최대의 상업도로로 명성을 쌓게 되었다. 1910년대 후반에 이미 10층짜리 초호화 백화점과 나이트클럽 등 상업, 오락시설이 줄줄이 들어서고, 하루 수만 명의 사람들과 수백 대의 선차, 수천 대의 마차, 인력거들이 오고가는 거리였다.

지금은 중국 곳곳에 새로 조성된 크고 화려한 거리가 많은 만큼 예전만큼의 명성을 누리지는 못하지만, 그래도 남경로를 걷다보면 어마어마한 인파와 특색 있고 화려한 거리의 맛과 멋을 느낄 수 있고, 과거 남경로의 명성이 과연 어떠했는지를 가늠해 볼 수 있을 것이다.

쉬자후이를 걷다

상하이 쉬자후이(徐家滙) 일대도 무척 번화하고 화려하다. 최고급 백화점과 상가들이 즐비하고 세련된 도시 풍경을 조성하고 있다. 그런데 이 쉬자후이란 독특한 이름은 어디서 온 것일까. 이는 명나라의 관리 서광계와 그의 후손들에서 비롯된 이름이다. 쉬자후이란 즉 '서씨 일가들이 모여사는 곳'이라는 의미이다. 서광계는 상하이 문화의 원형이라고도 불리는 인물인데, 그는 서양의 선교사와 교제하며 천주교 세례를 받았고, 서구의 학문을 적극적으로 공부했다고 한다. 전통학문에 조예가 깊은 동시에 새로운 지식을 적극적으로 받아들였다는 점, 명나라의 관리이자 학자이면서도 세계의 흐름과 처세에 밝았다는 점은 오늘날 개방적이고 국제적인 상하이의 특징과 잘 매치되는 지점이다.

쉬자후이는 남경로와 더불어 상하이의 대표적인 상업지역이다. 그랜드 게이트웨이, 메트로시티와 같은 대형 백화점이 자리하고 있어 화려하고 세련된 분위기를 조성하며, 밤이 되어 조명이 들어오면 아름답고 낭만적인 야경이 펼쳐진다. 노도가에는 야자수가 심어져 있어 이곳이 남방임을 느끼게 해준다.

쉬자후이 천주교당

　화려하고 세련된 쇼핑몰을 둘러보았다면, 이제 쉬자후이
의 속살을 둘러보아야 한다. 상하이 최대의 천주교 성당이 바
로 이곳에 있다. 바로 쉬자후이 천주교당인데, 1910년에 세워
졌다. 중세 가톨릭 양식의 건물로 두 개의 높은 첨탑이 인상적
이다. 높이가 무려 60미터에 이르며 웅장한 느낌을 준다. 유학
시절 천주교 신자인 몇몇 동료들은 주말마다 빠지지 않고 성당
에 다녔다. 학교에서 성당까지는 꽤 먼거리였음에도 그들은 꼬
박꼬박 성당에 나갔다. 아마도 고독하고 불안한 유학생활에 큰
위안이 되었을 것이다.

상하이인들이 사랑하고 흠모했던 서광계 기념관도 천주교당 근처에 있다. 서광계의 무덤을 중심으로 공원이 조성되어 있으며 그 안에 기념관이 있다. 기념관 안에는 그가 남긴 저작과 관련 기록물들이 전시되어 있다. 명나라 말기의 실학과 천주교 관련 기록들이다. 유학시절 「명말 중서문화 교류」라는 제목의 강의를 한 학기 들었다. 중문과가 아닌 사학과 과목이었는데 꽤 흥미롭게 들었던 기억이 난다. 당시 서광계에 관한 이야기도 들었는지는 정확히 기억나지 않지만 아마도 담당 교수님은 강조해서 말했을 것 같다. 서광계는 유클리드의 『기하학』을 중국어로 번역하여 중국의 수학발전에 큰 영향을 준 인물이니 말이다.

다음으로 발걸음은 쉬자후이공원으로 향한다. 중국의 여느 도시들처럼 상하이에도 많은 공원들이 있다. 복잡한 도심의 한복판에 잠시 쉬어갈 수 있는 공간은 사람들의 마음을 편안하게 해준다. 한적한 공원 주위로는 높은 빌딩이 경쟁적으로 솟아있어 대조를 이루고, 공원 안에는 호수가 있어 분위기를 더한다. 천주교당과 더불어 신혼부부들의 웨딩촬영이 많이 이루어지는 공간이기도 하다.

쉬자후이 일대는 와이탄, 남경로와는 또 다른 분위기와 느낌으로 존재한다. 상하이의 원형을 보고자 한다면 빠뜨리지 말고 꼭 꼼꼼하게 둘러봐야 할 곳이다. 수지하듯 상하이는 외래문화에 특히 개방적인 도시다. 개항 이후 상하이인들은 서양의 문물을 재빠르게 흡수했고, 상하이화했다. 현실과 실용을 중시하며 새로운 문화를 적극적으로 배우고 받아들이는 생활 태도가 바로 상하이의 두드러진 특징이라 하겠다.

일요일 아침, 상하이 체육관

쉬자후이에서 조금 더 남쪽으로 가면 상하이 체육관이 있다. 8만 명을 수용할 수 있는 대형 체육관으로 각종 스포츠 게임은 물론, 다양한 공연이 열리는 곳이다. 상하이 체육관은 사통팔달로 연결되어 있어 교통이 아주 편리하다. 그리하여 상하이 인근으로 나가는 다양한 교통편이 이곳을 통과한다. 쑤저우, 항저우 등 상하이와 패키지로 묶이는 유명 도시는 물론 시탕, 저우좡 같은 상하이 인근 수향마을로 가는 투어버스가 항상 대기하는 곳이다.

나에게도 상하이 체육관은 그런 장소로 기억된다. 가령 이런 식이다. 일요일 이른 아침 아직 꿈속을 헤매는 시간 방 안의 전화가 울린다. 여행사에서 아르바이트를 하는 중국인 동생의 전화다. "꺼꺼, 오늘 저우좡 가는데 자리가 하나 났어. 같이 가자. 빨리 와" "저우좡? 거기 뭐하는 데야?" "어, 물가마을인데 아주 멋지고 좋아" 잠시 고민을 하다가 자리를 박차고 일어나 집을 나선다. 오빠를 생각해주는 동생의 배려가 기특하지 않은가. 아무 준비도 없이 그냥 택시를 잡아타고 상하이 체육관으로 향한다. 그런 식으로 동생을 따라 공짜로 따라간 상하이 인근 관

광지가 여러 곳이다. 자주 가는 인근 수향은 물론 쑤저우, 우시 등등 상하이에서 2~3시간 거리에 위치한 관광지를 당일치기로 여러 번 다녀왔다. 중국은 워낙 크고 볼 데가 많아서 단체 투어가 보편화되어 있고, 그것은 그것대로 편리한 점도 있다. 따로 계획을 세울 필요 없이 짜여진 일정대로 따라가면 된다. 복잡한 상하이를 벗어나 한적하고 낭만적인 정취를 한껏 느꼈던 그

상하이 체육관

때 그 시절의 여행들, 추억하자니 애틋하고 정겹다. 한국에서
온 오빠를 살뜰히 챙겼던 그때 그 상하이 꼬마 동생도 이젠 30
대 중반이 되었고 그동안 한국에도 몇 번 다녀갔다.

용화사, 상하이 식물원

상하이의 대표적 사찰로 먼저 정안사(靜安寺)를 꼽지만 그 외에도 용화사(龍華寺)가 있다. 삼국시대 오나라 손권이 어머니를 위해 지었다고 전해지는 절이다. 근대나 현대가 아닌 고대 속 유명인물인 손권의 흔적을 상하이에서 만날 수 있다는 것은 좀 뜻밖일 것이다. 쉬자후이에서 멀지 않으니 함께 둘러봐도 좋을 듯하다. 웅장함과 화려함을 동시에 느낄 수 있는 용화탑이 특히 볼 만하다. 대웅전 앞에는 향냄새가 가득하고 항상 기도를 올리는 사람들이 많다. 그들은 무엇을 기원하는 것일까. 건강과 행운, 재물을 기원하기도 할 것이고, 큰 슬픔이나 상실을 위로받기 위해서도 절을 올릴 것이다. 뜻대로 되지 않는 것이 우리네 인생사이니, 그런 풍경을 바라보며 그들의 간절한 소망이 조금이나마 이루어졌으면 좋겠다는 생각을 해본다.

조용히 사색을 더 하고 싶다면 근처의 상하이 식물원을 찾아보는 것도 좋겠다. 중국에서 가장 큰 규모의 식물원으로 엄청 큰 면적에 갖가지 식물들이 잘 정리되어 있

용화사

다. 복잡한 대도시 상하이에 이런 거대한 식물원이 있다는 것이 새삼 놀라울 것이다. 각종 수목과 꽃들이 주제별로 나뉘어 있어 둘러보기 좋고, 식물원답게 호수와 돌 등의 조경이 잘되어 있어 걷다보면 마음이 편안해진다. 꽃들이 만개하고 초록이 물드는 봄에 가면 금상첨화겠고, 단풍이 지는 늦가을의 정취도 빼어나다.

나는 2000년대에 30대를 보냈다. 상하이에서는 2001년부터 2004년까지 살았다. 청춘의 끝자락을 상하이에서 보낸 셈인데,

돌이켜 생각해보면 낭만적인 시기이기도 했지만 정신적으로 많이 흔들리기도 했던 시간이었다. 여러 가지 요인이 있었을 것이다. 불안한 미래, 앞이 잘 보이지 않는 눈앞의 공부, 그리고 누군가와의 이별 등등, 그런 것들이 나의 발목을 계속 잡았다. 그래서 가끔씩 마음이 진저리치게 외롭거나 복잡할 때, 정안사, 용화사 같은 사찰과 루쉰공원, 상하이 식물원 같은 곳을 찾곤 했었다.

상하이 센티멘털

푸동 마천루

　푸동지구의 쭉쭉 뻗은 마천루 숲은 중국 경제의 거대함과 그 발전상을 상징적으로 보여준다. 주지하듯 푸동은 새로 개발된 지역이다. 상하이의 중심은 원래 황푸강의 서쪽, 즉 포서지역이었다. 70년대 말 등소평이 본격적인 개혁, 개방 정책을 실시하기 시작했고 이후 상하이의 동부인 포동지역도 특구에 포함, 개발되기 시작했다. 1만7천여 개의 외국계 기업이 경쟁적으로 푸동지구에 들어오면서 금융, 상업의 메카로 급성장했다.

　그리하여 포서에서 바라보는 포동은 말 그대로 마천루란 표현에 걸맞는다. 랜드마크가 된 동방명주 탑을 비롯해서 88층의 금무대하, 그리고 최근 새로 건설된 상하이 타워, IFC 쇼핑몰 등 높이와 규모의 경쟁이 계속 펼쳐지고 있다. 와이탄을 화려하게 수놓은 근대 건축물들은 그리 높지 않지만, 강 건너 푸동은 그야말로 높이 경쟁이 펼쳐지고 있는 것이다. 근대와 현대가 마주보고 있는 셈이다. 자, 해가 지고 어둠이 드리우면, 형형색색의 화려한 네온사인이 하늘로 솟은 푸동을 채색한다. 가령 푸동의 번화가 루자쭈이(陸家嘴) 일대는 낮과는 완전히 다른 모습으로 다가온다. 뉴욕의 맨해튼이 부럽지 않은 화려한 야경이 펼쳐지게 된다.

　포서에서 황푸강 너머의 포동지구의 야경을 바라다보는 것도 장관이지만, 반대로 포동 쪽에서 포서의 화려한 야경을 바라보는 것 또한 일품이다. 특히 십리양장, 즉 만국 건물박람회장이라는 별칭에 걸맞게 와이탄에 나란히 들어선 서양의 옛 건물들을 강 건너 바라보고 있으면, 마치 유럽에 와 있는 듯한 착각마저 든다.

상하이 프랑스 조계지

화려한 국제도시이자 이국적이고 낭만적인 분위기로 한 시대를 풍미했던 올드 상하이의 흔적을 제대로 되짚기 위해서는 와이탄, 남경로와 더불어 프랑스 조계지 지역을 둘러볼 필요가 있다. 커다란 플라타너스 나무 뒤로 유럽풍의 건물과 시설을 마주할 수 있으며, 세련되고 아기자기한 여러 카페와 레스토랑 등이 밀집되어 있다.

위치는 형산로와 회해중로 일대의 지역이다. 프랑스 및 유럽 스타일의 자그마한 건물들이 늘어서 있고, 플라타너스 가로수 길이 이어져 있어 뭐랄까 편안하면서도 이국적인 느낌을 준다. 와이탄이나 남경로의 화려하고 웅장한 느낌과는 대비되는 조용하면서도 아기자기한 분위기를 풍기는 이 일대를 천천히 걸으면 상하이가 또 달라 보일 것이다.

거리와 연결된 골목 안에는 상하이 전통 주거양식인 스쿠먼(石庫門)식의 작고 소박한 건물들이 많이 보존되어 있다. 복작대지만 친근하고 아담한 상하이 서민의 일상을 만날 수 있다. 또한 그런 작은 건물을 개조해 만든 여러 특색 있는 인테리어 가게, 소품 가게, 갤러리 등도 만나볼 수 있다. 유학시절 함께 공부하던 동료의 친구가 그 골목 어디쯤엔가 바를 차린 적이 있었다. 공부에 지치거나 마음이 심란한 주말 저녁에 친구와 함께, 혹은 혼자서 그 바를 찾아가기도 했다.

　최근 서울의 가로수길, 서래 마을 등이 명동, 강남 등의 번화가와는 또 다른 특색 있는 거리로 많은 사랑을 받는다. 개성 있고 아기자기한 거리 풍경은 색다른 볼거리를 제공하며 여행의 또 다른 맛을 느끼게 한다. 상하이에 왔다면 옛 프랑스 조계거리를 빠드릴 수 없는 이유 역시 같다.

상하이 센티멘털

프랑스 조계지

비와 안개, 여인의 도시

뒤룬루

상하이 서북부 훙커우 지역에 뒤룬루(多倫路) 문화명인가라는 거리가 있다. 우리의 인사동처럼 옛 건축물과 분위기를 잘 보존해놓은 곳으로, 당시 이곳은 일본의 조계지였다. 500미터 남짓한 거리인데, 지난 세기 초 상하이에 살았던 유명 문인들의 자취가 깊이 남아 있는 곳이다. 내가 다녔던 푸단대학에서 멀지 않아 자주 갔던 곳이다. 당시의 고급 호텔, 카페, 화랑, 교회 등등의 건물이 거리를 채우고 있고, 중국 현대문학의 거목 루쉰을 비롯해 궈모러우, 마오뚠이 살았던 옛집 등등 1920~30년대 문학, 예술의 흔적이 집중되어 있다.

루쉰은 상하이에서 말년을 보냈는데, 죽을 때까지 9년을 상하이에서 살았다. 그가 9년간 살았던 집이 모두 이 뒤룬루 일대에 있고, 그의 무덤이 있는 루쉰공원도 바로 근처에 위치해 있다. 뒤룬루에 가면 루쉰은 물론 루쉰과 깊은 우정을 나눴던 서점 주인 우치야마의 조각상도 만나볼 수 있다. 또한 벽화로 그려진 루쉰의 일대기도 볼 수 있다.

루쉰은 상하이에 정착하면서 창작활동과 함께 번역에도 힘을 기울였는데, 주로 러시아와 유럽, 일본의 작품들에 관심을 가졌다. 루쉰은 상하이에서 보낸 말년에 그의 명성을 더욱 높였고, 세계의 여러 유명 인사들과도 적지 않게 교류했다. 또한 루쉰은 당시 유럽 쪽에서 활발하게 진행된 조형예술을 통한 민중운동, 계급투쟁 등에 깊은 관심을 가졌고, 그것을 중국에 소개했다. 나아가 중국의 판화운동을 지도했다. 그리하여 둬룬루에 가면 지난 세기 인문 풍경이 아스라이 재현되는 느낌을 받게 된다.

비와 안개, 여인의 도시

상하이 센티멘털

뒤룬루 문화명인가

비와 안개, 여인의 도시

푸동 루자쭈이

국제도시 상하이에 와서 푸동의 마천루를 마주한다면 그 거대하고 화려한 면모에 감탄이 안 나올 수 없다. 밤의 야경이든, 햇빛 좋은 대낮이건 와이탄에서 바라보는 강 건너 마천루 숲은 장관이다. 자, 멀리서 바라만 볼 것이 아니라 이번에 그 건물에 올라 상하이 전경을 내려다볼 차례다. 자, 일단은 황푸강을 건너 루자쭈이(陸家嘴)로 가야 한다.

루자쭈이 인근에는 잘 알려진 랜드마크 격인 3개의 건축물이 있다. 상하이의 랜드마크인 동방명주 탑, 그리고 금무대하 빌딩, 그리고 3개 중 가장 최근에 지어진, 상하이가 자랑하는 상하이 세계금융센터다. 세 건물에는 모두 고층에 전망대가 설치되어 있어 셋 중에 어디를 가든지 상하이의 전경을 볼 수 있다. 높이로 치면 상하이금융센터, 금무대하, 동방명주 순이지만 사실 어디에서 봐도 큰 차이 없이 멋진 풍경을 마주할 수 있다. 물론 적지 않은 관람료를 내야 하고 항상 줄을 서야 하는 단점은 있지만, 상하이에 왔다면 한번쯤 올라가서 상하이를 내려다봐야 하지 않겠는가.

굽어 흐르는 황푸강 위로 한가하게 떠다니는 많은 배들, 그리고 서쪽의 와이탄을 장식하고 있는 멋진 건축물들, 동쪽 푸동의 마천루 숲, 황푸강을 잇는 여러 다리들, 분주히 다니는 자동차들, 그리고 희뿌연 안개까지, 상하이의 여러 풍경이 한꺼번에 눈에 들어온다. 거기에 상하이의 트레이드 마크인 비가 내리거나 안개가 끼면 몽환적인 느낌마저 든다. 잠시 현실을 잊고 상하이가 선사하는 낭만에 취해봐도 좋을 것이다.

비와 안개, 여인의 도시

임시정부, 루쉰공원

상하이에 온 한국인이라면 꼭 가봐야 할 곳이 있다. 바로 대한민국 임시정부. 오래된 작은 골목 한편에 위치한 이곳에 오면, 가슴 한 구석이 뜨거워지는 감정을 가지지 않을 수 없다. 나라를 잃고 낯선 타국에서 조국의 독립을 위해 애쓰던 우리의 선배들, 김구 선생을 비롯해 임시정부 요원들이 머물며 활동을 하던 그곳, 낡은 책상과 침상, 그리고 유물들을 보고 있자면 나도 모르게 울컥한다. 그들이 있었기에 오늘날 대한민국, 그리고 우리가 있는 것이 아니겠는가. 근처에는 새로 조성된 세련되고 화려한 거리 상하이의 핫플레이스 신천지가 있다. 화려한 명품 숍들이 즐비한 신천지와 낡고 오래되고 좁은 골목거리에 위치한 임시정부 유적은 묘한 대비를 이루는데, 그러기에 더욱 애틋한 감정이 든다.

그리고 상하이 중심가에서 서북쪽으로 좀 올라가면 루쉰공원(魯迅公園)이 있다. 예전에 내가 유학하던 곳에서 멀지 않아 자주 갔었다. 학교 앞에서 139번 버스를 타면 종점이 바로 루쉰공원이었다. 어떤 날은 자전거를 타고 가기도 했다. 그곳에 가면 윤봉길과 루쉰을 만날 수 있다. 루쉰공원의 원래 명칭은 홍

대한민국 임시정부

커우공원(虹口公園)이다. 원래는 상하이에 있던 서양인들이 오락을 즐기기 위해 만들어진 공원이었다가 1922년 홍커우공원으로 개칭되었다. 중국 현대문학의 거목이자 동아시아 근대문학의 최고봉이라 할 루쉰이 근처에 살았고 사후 이곳에 묻혀서 이후 루쉰공원으로 불리게 되었다. 오랜 역사를 지닌 만큼 중국 전통 공원의 분위기를 띤다. 주위는 온통 고층 건물로 둘러싸여 있지만 공원에 들어가면 마치 시간을 거슬러 올라간 인상을 받는다.

 루쉰공원은 또한 우리의 윤봉길 의사와 관련이 있기에 많은 한국인들이 찾는 공간이다. 1932년 천왕 탄생 기념행사가 거행되던 날, 윤봉길은 일본군의 치밀한 감시를 뚫고 폭탄을 던졌다. 이 사건은 크게 보도되면서 조선의 독립 의지와 항일활동이 세계에 널리 알려지게 된다. 상하이에서 30대를 막 시작한 나는 마음이 흔들리거나 괴로울 때 마음을 다잡고 정신을 가다듬기 위해 루쉰공원을 자주 찾았다. 루쉰의 치열한 정신과 조국의 독립을 위해 모든 것을 바친 윤봉길의 헌신과 희생을 마주하면서 스스로를 반성하고 다잡았다.

상하이 센티멘털

장아이링 로드를 따라가다

앞서 언급한 대로 올드 상하이를 이야기할 때 빠뜨릴 수 없는 인물이 바로 천재 여류작가 장아이링(張愛玲)이다. 영화 〈색계〉의 원작자로 우리에게도 점차 알려지고 있는데, 중화권에서 장아이링의 지위는 오래전부터 확고하다. 그녀의 글은 올드 상하이 유한계급의 일상과 풍경을 정교하게 묘사하여, 아시아 최대의 도시 올드 상하이에 관한 독보적인 풍경화를 완성했다고 할 수 있겠다. 동시에 격변기를 건너는 중국 여성들의 신산스러운 삶을 쓸쓸하게 그리고 있다. 그리하여 그녀의 흔적을 한번 따라가보는 것도 상하이를 감상하는 데 하나의 좋은 루트가 될 수 있을 것 같다.

자, 우선 정안사(靜安寺)로 가자. 정안사는 상하이 시내 한복판에 위치하고 있다. 주변의 높은 빌딩으로 둘러싸여 있는데, 황금색을 뽐내며 도도하게 자리 잡고 있다. 정안사는 삼국시대 오나라 시절 건립된 사찰로 오랜 역사를 자랑한다. 정안사를 나와 정안사로를 쭉 걷다가 상덕로로 접어들면, 상덕아파트(常德公寓)라는 낡은 아파트를 만나게 된다. 이곳은 40년대 장아이링이 살던 아파트다. 1940년대, 20대의 세련되고 고고한 상하이 작가 장아이링이 살던 아파트가 지금도 자리를 지키고 있는 것이다. 그 시절 장아이링은 유행하는 치파오를 입고 꼿꼿한 걸음으로 정안사로, 상덕로, 그리고 회해로, 복주로, 남경로 등등 상하이의 번화하고 세련된 거리들을 오가곤 했을 것이다. 쇼핑을 하러, 친구를 만나러, 영화를 보러, 혹은 서점에 가기 위해.

상덕아파트 1층에 자리한 카페는 소위 장아이링 카페라고 불릴 만큼 상해인에게는 잘 알려진 카페다. 주인이 장아이링의 먼 친척이라고 하는데, 듣자하니 장아이링의 분위기와 많이 닮았다고 한다. 카페는 고풍스러우면서도 세련된 맛이 있고, 곳곳에 장아이링의 사진과 그녀의 책이 전시되어 있다. 한번쯤 들러 커피와 함께 장아이링의 흔적을 느끼며 사색에 빠져봐도 좋을 것 같다.

자, 그 다음은 화려하고 세련된, 그리고 유럽의 분위기를 느낄 수 있는 회해중로를 걸어가며 풍경을 감상한다. 곳곳에 근대의 흔적을 만날 수 있는데, 중국의 국부 손중산의 옛집부터 공관으로 쓰던 건물, 그리고 정부 관료와 외국인들이 살았던 고급 주택과 건물들이 즐비하다. 장아이링은 40년대 자신의 작품 속에 이 거리와 풍경을 세밀하고 생동감 있게 담아내고 있다.

상하이에 살면서, 올드 상하이에 깊은 관심을 가지게 되면서 나는 자연스레 장아이링에게 다가갔다. 조금만 더 일찍 알았더라면 90년대 미국에 살고 있던 장아이링에게 편지라도 한번 써

봤을 것 같다. 그녀의 작품을 통해 올드 상하이에 대해 조금 더 알게 되었고 더 큰 관심이 생겼다. 그리하여 나는 그녀의 에세이를 번역하여 두 권의 책으로 낸 적이 있다.

상덕아파트

상하이 박물관

상하이 센티멘털

상하이 박물관

어느 나라 어느 지역을 가던 다양한 박물관이 존재하지만, 중국인들의 박물관 사랑은 좀 각별하다. 중국이 유구한 역사와 문화를 지닌 문화강국이라는 점을 생각해보면 수긍이 가는 대목이기도 한데, 그 규모와 박물관을 찾는 중국인들의 열기에 늘 놀라게 된다. 엄청난 면적, 어마어마한 인구 등 중국의 힘을 느낄 수 있는 부분이 많지만, 나는 이처럼 자신들의 역사와 문화를 아끼고 늘 돌아보는 중국인들에게서 중국의 힘을 느낀다.

상하이 시내 한복판에도 상하이가 자랑하는 대규모 박물관이 있다. 늘 사람들로 붐비는 인민광장 한쪽에 자리하고 있는 상하이 박물관은 4층 규모의 건물에 수많은 국보급 유물을 전시하고 있다. 중국은 성마다 또 시마다 그곳을 대표하는 박물관이 있고 정성껏 관리한다. 중국 남방을 대표하는 상하이니만큼 상하이 박물관의 규모와 입지도 장난 아니다.

시대별, 주제별로 세밀하게 나누어 전시되고 있지만 한 번에 그 많은 것을 자세히 보기는 어렵다. 기왕이면 여러 차례 가서 차분히 살펴보는 것이 좋을 것이다. 개인적으로 박물관에 가서 느끼는 점은 이러하다. 그 먼 옛날, 그토록 아름답고 정교한 물건이 제작되고 사용되었다는 사실이 신기하고, 그것을 보고 있자면 새삼 우리네 인생이 작게 느껴지면서 아득하고 아련해진다.

상하이에 살면서 박물관에 여러 번 갔었다. 처음 입학해서는 학교 단체 관람으로 갔었고 이후 졸업 때까지 혼자서, 또는 친구와 여러 차례 다녀오곤 했다. 지금은 무료 개방이지만 그때만 해도 입장료가 있었는데, 학생증을 가지고 가면 반값이었다. 딱히 박물관을 좋아해서 갔다기보다는 그저 기분 전환 삼아서 놀러가듯이 갔던 것 같다. 가령 이런 식이다. 일이나 약속이 있어 상하이 시내에 갔는데 얼마간 시간이 남았다 하면 그냥 마실가듯 들어가서 대충 휘둘러보고 나오는 경우가 많았다. 그냥 박물관 특유의 그 조용하고 까마득한 분위기를 즐겼던 것도 같다. 그때 그 버릇은 여전해서 지금도 베이징이나 타이베이 등의 박물관에 가서도 그저 휘둘러보고 나온다.

인민공원

상하이의 중심지, 교통의 요지 중 요지인 인민광장 근처에는 오래된 공원이 하나 있으니, 바로 인민공원이다. 번화가인 남경로에서도 도보로 쉽게 갈 수 있는 거리, 도시 한복판에 이런 녹지가 있는 게 신기할 정도다. 사실 인민공원은 지난 세기 조계시절, 상하이에 들어와 있는 서구인들을 위한 경마장, 폴로 경기장, 클럽 하우스 등등으로 쓰이던 위락시설이었다. 그러던 것이 신중국 성립 후 경마장은 공원으로, 클럽은 미술관 등으로 탈바꿈하였다.

가끔 한국 텔레비전에서 인민공원을 비추는데 대개 이런 내용이다. 주말에 나이가 지긋한 어른들이 아침부터 인민공원에 모여 인산인해를 이룬다. 부모들이 자녀의 짝을 찾기 위해 애쓰는 독특한 중매문화가 펼쳐지는 것이다. 이는 그만큼 인민공원이 사람이 많이 몰리는 교통의 요지라는 말이겠고, 또 한편으로는 베이징, 상하이 같은 중국 대도시에서 젊은이들의 만혼, 비혼 문화가 우리만큼 심각하다는 얘기도 되겠다.

상하이에서 살던 시절, 인민광장, 남경로 등을 숱하게 지나다녀도 인민공원에 들어가는 일은 별로 없었고, 간혹 가로질러 가

인민공원

면서 대충 둘러보는 정도였다. 즉 공원 자체보다는 근처에 위치한 분위기 좋은 카페 혹은 식당을 자주 다녔다. 어쨌든 인민공원은 예나 지금이나 늘 그 자리에서 사람들을 푸근하게 맞아주는, 상하이 도심 한복판의 쉼터인 것이다.

세기공원

　대도시 상하이에는 수많은 공원이 있는데 그중 가장 규모가
큰 공원은 세기공원(世紀公園)이다. 세기공원은 포동지역, 그
중에서도 동방명주 인근에 위치하고 있으며, 조성된 지 얼마 안
된 신생 공원이다. 포동의 마천루 숲 한가운데에 이런 대규모
공원이 있어 다행이다 싶다. 넓은 잔디와 커다란 호수, 울창한
나무들까지 조경이 잘되어 있어 많은 이들이 찾아와 휴식을 즐
긴다.

　유학시절 어느 주말 아침, 중국인 친구와 다녀온 기억이 난
다. 공원이야 살던 지역 곳곳에도 많은 터라 딱히 강 건너 멀리
위치한 푸동의 세기공원에 갈 생각은 하지 않았다. 새로 개장
했고 엄청 큰 규모라는 중국인 친구의 말에 궁금증이 생겨 따라
나섰다. 날도 좀 더웠고 꽤 먼 거리라 가는 동안 이미 지쳐버렸
지만, 공원 안에 들어서니 넓고 한적해서 상쾌했다. 상하이에서
며칠 지낸다면 한번쯤은 시간 내서 가볼 만한 곳이다. 그날 삼
삼오오 가족들과 연인들과 나들이 삼아 온 사람들이 많았는데,
그런 풍경들을 보면서 나도 집 생각, 친구들 생각을 좀 했던 것
같다. 같이 갔던 중국 친구에게 그런 말들을 했던 것도 같다.

농탕

베이징의 서민들이 사는 전통 골목을 후통(胡洞)이라 한다면, 상하이의 골목은 농탕(弄堂)이라 부른다. 상하이만의 어떤 것을 찾고자 한다면 역시 이 농탕을 빼놓을 수 없을 것이다. 상하이가 근대 서구열강의 침략으로 급격하게 커진 도시라면, 농탕 역시 그러한 역사와 밀접한 연관을 가지고 있을 터이다. 아편전쟁 후 상하이가 개항된 뒤 서구인들이 대규모로 상하이로 몰려들어 대규모 도시가 구획되자, 상하이 인근의 중국인들도 너도나도 몰려들기 시작했다. 서구의 자본가들은 이를 한몫 잡을 기회로 보고 몇 층으로 이루어진 다세대 건물을 대량으로 건설하여 임대했다. 상하이의 대규모 농탕은 이렇게 만들어졌다. 처음에는 목조 구조였지만 차차 돌을 사용한 스쿠먼으로 바뀌었다. 농탕 안의 스쿠먼은 대개 2, 3층의 구조에 층마다 방이 3개인 경우가 많은데, 이는 대가족이 아닌 핵가족이 살기에 적합했다. 스쿠먼의 1층은 대개 잡화점, 쌀집 등등의 작은 가게로 사용되었는데, 지금의 관점에서 보자면 일종의 주상복합 건물이라고도 할 수 있겠다.

상하이 곳곳에는 아직도 예전에 조성된 농탕이 많이 남아 있고, 그 안에서 수많은 사람들이 산다. 좁은 골목을 마주보고 대나무 빨랫대가 서로 삐죽삐죽 나와 있는 풍경은 한편으로 푸근하고 정겹다. 노인들은 골목 안에 의자를 내다놓고 앉아서 신문도 보고 차도 마시고, 아이들은 골목에서 뛰어논다.

농탕 풍경

어느 가을날의 하루

타국생활 3년차, 논문의 압박은 점점 몰려오고 진도는 좀처럼 나가지 않던 때, 상하이에 오면서 품었던 야심들이 점차 꺾이며 자꾸 헛헛함을 느끼던 그 시절의 어느 가을날, 그날 하루를 기억나는 대로 따라가본다.

아침에 일찍 눈이 떠졌다. 평소대로라면 책상 앞에 앉아 억지로라도 논문 몇 줄을 꾸역꾸역 쓸 텐데, 왠지 모든 게 귀찮다. 그냥 대충 씻고 집을 나선다. 아무 생각도, 계획도 없이 동네에서 55번 버스를 타고 와이탄까지 갔다. 차창 밖 풍경이 정겹다. 그리 멀지 않으니 대략 30분 안쪽이면 와이탄에 도착한다. 아침 상하이 중심가는 여타의 도시들이 그렇듯 무척 분주하고 정신없다. 거리를 바쁘게 오가는 수많은 사람들, 그 사람들 속에 섞여 무작정 걸어간다. 와이탄을 어슬렁거리며 걷다가 남경로 쪽으로 방향을 튼다. 남경로에 접어들어 정처 없이 걸으며 거리의 풍경을 구경한다. 다들 어딜 그리 바삐 가는가, 나는 왜 여기서 이러고 있나, 이런저런 생각을 하면서 걷고 또 걷는다.

아, 아직 아침을 안 먹었구나. 그때서야 뭘 좀 먹어야겠다는 생각이 들었고, 돌아보니 예원 근처에 와 있었다. 마침 맥도날드가 눈에 들어온다. 출근시간이 막 지나서인지 의외로 가게 안은 한산하다. 늘 북적이는 그 공간이 조금은 낯설게 다가온다. 햄버거와 커피로 느긋하게 아침을 먹는다. 대개 아침은 집 근처 시장통에서 파는 중국식 토스트라 할 딴빙(蛋餠)과 두유 정도로 해결한다. 아침으로 먹는 맥도날드 햄버거 맛이 새롭다.

맥도날드를 나와 향한 곳은 복주로 서점가, 그 옛날 루쉰과 장아이링이 거닐었던 그 서점 거리를 어슬렁거린다. 딱히 책을 살 생각도 없으니 그저 이것저것 둘러본다. 새로 나온 책들이 뭐 있나 기웃기웃, 전공 관련 책도 좀 살펴보는 식이다. 100년 넘는 전통을 가진 서점 거리다보니 책은 물론이고 이런저런 구경거리가 많다. 다시 점심 때가 다가왔다. 이번엔 그냥 노점에서 만두로 대충 떼우고 만다. 발걸음을 인민관장 쪽으로 옮겨본다. 그 어느 한쪽에 앉아 담배를 한 대 피우며 지나가는 사람들을 구경한다. 아침하고는 다른 풍경이 펼쳐진다. 국제도시 상하이에는 외국인들도 참 많다. 다들 바쁘게 거리를 오간다. 자, 다음은 인근의 상하이 박물관이다. 물론 그 역시 진지한 관람이 아니다. 그냥 눈길 가는대로 설렁설렁 보다가 다리가 아파지면 의자에 앉아 한참을 쉰다. 좀 졸기도 한다. 박물관에 가면 항상 드는 생각은 우리네 인생이 얼마나 보잘것없는가 하는 것인데, 그런 의미에서 자신을 돌아보는데 아주 적당한 공간이 바로 박물관이다.

박물관을 나와 보니 얼추 저녁이 되었다. 날은 점차 어둑어둑해지고 있다. 피로가 몰려든다. 사람들이 아까보다 훨씬 많아졌다. 서둘러 돌아가야겠다는 생각이 든다. 마침 인민광장에서 출발하는 버스 중에 집까지 가는 버스가 있다. 버스가 도착했다. 서둘러 버스에 올라 뒤쪽에 앉는다. 출렁이는 버스에 몸을 맡기며 눈을 감는다.

정통로

상하이 기차역

세계 어디를 가나 기차역은 사람들로 붐빈다. 기차는 빠르고 안전하게 사람을 나르는 교통수단이면서 다른 교통편보다 상대적으로 저렴한 면도 있으니 이용자들은 늘 많게 마련이다. 중국처럼 면적이 큰 나라에서는 특히나 기차에 대한 의존도가 높다. 노선도 많고 거리도 무척이나 길다. 아는 이들은 다 알겠지만 중국 기차는 대부분 침대칸이 마련되어 있다. 수십 시간을 달려야 하는 노선들이 많기 때문이다. 최근 들어 중국도 고속 철도가 완비되며 전 국토를 예전보다 훨씬 빠르게 달리고 있는 것 같다. 물론 가격은 완행에 비해 훨씬 비싸지만 속도가 중요한 현대 사회에서 고속기차는 많은 이들의 환영을 받고 있다. 세계 최대의 인구 대국 중국의 기차역은 항상 엄청난 인파가 몰린다. 중국의 인구를 피부로 실감할 수 있는 대표적인 장소이다.

중국 중남부의 최대 도시 상하이 기차역 역시 항상 이용객들로 붐빈다. 상하이외 기차역은 상하이역과 상하이 남부역, 서부역 3군데가 있는데, 세 군데 모두 마찬가지다. 기차를 기다리는 사람들, 기차에서 내리는 사람들, 그리고 누군가를 마중하는 사람들, 환송하는 사람들 등등 엄청난 사람들로 늘 만원이다. 공항이 그렇듯 기차역 역시도 기쁨과 아쉬움이 교차되는 장소다. 누군가는 희망과 기쁨을 가지고 상하이로 왔을 것이고, 또 누군가는 아픈 사연으로 상하이를 찾거나 떠나갈 것이다.

상하이에 살면서 당연히 기차역을 여러 번 이용했다. 어딘가로 가기 위해서, 또 다시 상하이로 돌아올 때 기차를 자주 이용했다. 가령 베이징에 있는 친구를 만나러 스무 시간 걸리는 기차를 탔고, 상하이에 놀러온 가족과 친구들을 대동해 쑤저우나 항저우에 갈 때, 혹은 함께 공부하는 동료들과 무석이나 온주 같은 인근 지역을 놀러갈 때도 기차를 이용했다. 몇 년 전 겨울방학, 학생들을 데리고 중국 여행을 간 적이 있는데, 베이징에서 상하이로 가는 기차를 오랜만에 타보았다. 고속기차를 타니 예전 20시간 걸리던 시간을 불과 4시간으로 단축시켜 우리를 상하이로 데려다놓았다. 엄청난 변화로 느껴졌다.

이런 기억도 난다. 유학 시절의 일이다. 어느 봄날 불현듯 어디론가 훌쩍 여행을 가고 싶어 아무 계획도 목적지도 없이 상하이 기차역에 간 적이 있다. 적당한 곳으로 그냥 하루 이틀 다녀올까 싶었는데, 막상 기차역에 가니 예의 그 엄청난 인파가 역 안을 가득 메우고 있었다. 떠나기도 전에 이미 지쳐버린 기분, 그저 피로하고 망연해져 잠시 머뭇거리다가 그냥 다시 버스를 타고 집으로 돌아갔다.

또 한번은 이런 일도 있었다. 내가 상하이에서 유학하고 있을

기차역

때 친했던 고등학교 친구 하나는 마침 러시아에서 유학을 하고 있었다. 가끔 서로 국제전화를 하며 격려도 하고 소식을 전하며 지냈다. 그 친구를 보러 베이징, 내몽고를 거쳐 모스코바로 들어가는 기차를 타려고 알아보았다. 또 상하이 러시아 영사관에 전화를 걸어 비자를 알아보고 함께 공부하는 친한 후배와 같이 가기로 여행 계획까지 짰다. 갈 때는 기차로, 올 때는 비행기를 타기로 하고, 모스코바에 가면 어딜 가고, 보드카를 실컷 마시고 뭘 먹고 등등. 하지만 끝내 기차에 오르지 않았다. 돌아보면 아쉬운 대목이다.

푸동 국제공항

오각장에서 4번 공항 리무진을 타고 가면 푸동 국제공항에 도착한다. 시간은 대략 1시간 남짓 걸린다. 가끔 택시도 이용했지만 주로 이 리무진을 이용해서 공항을 오갔다. 늘 다니던 상하이 거리를 리무진 버스에 타서 다시 보면 기분이 또 새롭다. 집에 간다는 설렘이 더해져 더욱 낭만적으로 채색된다고나 할까. 특히 남포대교를 따라 와이탄과 황푸강 지역을 건널 때면 그런 기분이 더해지는 것 같다. 또한 주로 생활하는 곳이 포서 지역이다 보니 차창 밖 포동지역의 풍경도 신선하고 정겹게 다가오는 것이다. 반대로 다시 상하이로 돌아와 리무진버스를 타고 상하이 집으로 돌아갈 때의 감정은 또 달랐다. 귀국해서 원기를 충전한 뒤의 컴백이라 예컨대 앞으로는 더 보람 있게 상하이 생활을 하겠다는 약간의 다짐 같은 것이 늘 동반되고는 했다.

한국에서 가족이나 친구가 놀러왔을 때 마중 나가던 푸동 공항도 떠오른다. 곧 반가운 이를 만난다는 설렘에 공항 가던 길이 참으로 좋았던 기억이 가슴 속에 남아 있다. 그래서였는지 가끔은 비행기 탈 일도, 누굴 마중 나갈 일도 없이 그냥 바람 쐬듯 푸동 공항에 간 적도 있었다. 종종 비번인 상하이 후배를 대동하기도 했다. 비행기가 뜨고 내리는 풍경, 크고 넓은 푸동 공항의 그 분위기 자체가 좋아서였을까. 그러고 보면 공항에는 항상 약간의 설렘과 감정적 과장이 있지 않던가. 헤어지고 만나고 아쉽고 기쁜 그런 감정들 말이다. 그래서 누군가가 그립고 마음이 헛헛해지면 가끔씩 아무 목적도 없이 그곳에 갔던 것이다.

홍차오 공항

 내가 상하이에 처음 갔던 2001년 7월, 인천발 대한항공 비행기는 푸동이 아닌 홍차오 공항에 내렸다. 푸동 공항의 크고 화려한 모습에 비하여 홍차오는 작고 좀 허르스름한 모습이었다. 그래도 중국 중남부를 대표하는 대도시 상하이인데 내심 좀 실망스러웠다. 향후 3, 4년간 유학을 하게 되었으니 가져간 짐이 꽤 많았다. 무거운 여행가방을 끌고 공항을 막 나섰을 때, 가장 먼저 눈에 들어온 것은 도로를 따라 늘어서 있는 야자수였다. 아, 여기가 남방은 남방이구나를 실감했고 얼핏 낭만적인 기분도 좀 들었다. 그리고 이어서 다가오는 그 습하고 더운 공기가 정신을 아찔하게 만들었다. 그게 상하이, 그리고 홍차오 공항에 대한 나의 첫 인상이었다. 곧이어 택시기사들이 다가와 행선지를 물었고 나는 그중 한 택시에 올라타고 유학하게 될 대학으로 향했다. 머릿속으로는 앞으로 펼쳐지게 될 상하이 유학생활을 가늠해보면서 눈으로는 처음 접하는 차창 밖의 상하이 풍경을 담느라 바빴다.

 그 후 졸업할 때까지 홍차오 공항을 다시 이용한 적은 없었고 모두 푸동 공항에서 비행기를 타고 내렸다. 그래도 처음 상하이와 마주한 곳이 홍차오 공항이었던지라 왠지 모르게 홍차오 공항을 생각하면 짠한 무언가가 있다. 상하이에 사는 동안에도 가끔 그곳 근처를 지날 때면 왠지 모를 알싸한 기분을 느끼곤 했다. 요즘 한국에서 상하이로 들어가는 노선이 항공사별로 엄청 많아졌는데 다음 번에는 푸동이 아닌 홍차오 공항 도착 노선을 이용해봐야겠다.

홍차오 공항

공청삼림공원

상하이 서북부에 공청삼림공원(共青森林公園)이 있다. 상하이 곳곳에 크고 작은 여러 공원이 있지만, 삼림공원은 또 그대로의 맛과 재미가 있다. 특히나 숲이 크고 큰 나무들이 많으며 호수가 멋진, 자연의 상태를 잘 보존하고 있는 공원이라고 하겠다. 산이 없는 상하이, 늘 복작대고 매연 가득한 상하이에 이런 자연이 있어 그나마 다행이다. 외진 곳에 위치해서 여행객에게는 잘 알려져 있지 않은 편이라 인근의 지역 주민들이 많이 찾는 공원이다.

상하이에서 살던 3년여 동안 여러 번 갔다. 기억을 더듬어보면 박사과정을 시작하던 첫해 겨울, 같이 수업을 듣는 선배와 수업을 빼먹고 갔던 게 먼저 생각난다. 선배는 상하이에서 석사를 하고 박사과정을 이어서 하고 있던 터라 상하이의 구석구석에 대해 많이 알고 있었다. 수업을 빼먹는다는 작은 해방감과 풍경이 멋진 산림공원의 분위기가 더해져 유쾌한 시간이었다. 초겨울이라 조금은 추웠던 기억도 난다. 지금도 그런지는 모르겠지만 당시에는 그곳에 말을 타는 코스가 있었다. 조랑말보다는 조금 큰 종류였던 것 같은데, 말을 타고 정해진 코스를

공청삼림공원

신나게 내달리며 선배와 함께 깔깔대던 기억이 난다. 그 후에
도 동기나 후배, 혹은 중국 친구들과도 여러 번 갔는데, 봄이면
봄대로, 가을이면 또 가을대로 좋았다. 호수에서 배도 타곤 했
다. 번갈아 노를 저으며 공부 얘기, 졸업 후 장래 계획, 그리고
당시의 고민들을 주고받던 기억도 생생히 난다.

공원 내에서는 가끔 음악회니 뭐니 하는 이런저런 행사도 벌
어지곤 했는데, 삼삼오오 짝을 지어 온 중국인 여대생들이나 늘
씬한 상하이 여성들과 합석해서 도시락을 같이 먹고 얘기하던
추억도 생각난다.

화평반점 재즈바

상하이 와이탄이 시작되는 지점, 즉 남경로와 맞대고 있는 지점에 유명한 호텔이 있다. 바로 피스호텔, 한자로는 화평반점(和平飯店)이 그것이다. 19세기 미국의 고딕양식으로 멋들어지게 지어진 건물로 1929년 완성되었다. 개장 당시 객실 280여 개를 보유한 호화로운 호텔이었다.

화평반점은 지금도 상하이 와이탄을 상징하는 호텔로 운영되고 있으며, 1층은 지금도 그때 그 모습 그대로 재즈바가 운영된다. 상하이에서 가장 오래된 재즈바이자 일급 재즈공연을 즐길 수 있는 곳이다. 밴드는 나이 지긋한 어르신들로 구성되어 있고, 그들이 연주하는 음악 역시 올드 재즈다. 공연은 저녁 8시에 있고, 청중은 주로 나이 든 분들이나 외국인들이 많은 편이다. 바는 그리 크지 않고 연주가 시작되면 만석이 된다. 관람료가 따로 없는 대신 일정금액 이상의 술이나 음식을 주문해야한다.

화평반점 재즈바는 오랜 전통과 명성을 자랑하는 곳이다. 화려한 30년대 상하이를 대표하던 호텔이었던 만큼 세계 유명인들이 다녀간 곳이며, 당대의 일급 뮤지션들이 공연을 하던 곳이다. 인테리어나 소품들도 당시 그대로 보존되어 있다 보니 바에 들어서는 순간 시간여행을 하는 착각이 든다. 마치 쑨원이나 장제스, 루신과 장아이링 같은 당시의 인물들과 마주칠 것 같은 기분도 든다. 상하이에 처음 막 왔을때 구경 삼아 한 번 갔었고, 와이탄에 나갔던 어느 날 오후에 근처를 지나다가 친구와 커피를 한잔하러 들렀던 기억도 난다. 커피 한 잔 값이 50위안이었던 것 같다. 근사한 화평반점 재즈바에서 30년대 모던보이가 되어 커피 한잔 마셔보는 값으로는 결코 비싼 가격은 아니지 않은가.

복주로의 묵향

화려한 남경로의 다음 블록인 복주로는 상대적으로 조용하다. 하지만 복주로 역시 예로부터 명성을 떨쳤으니 다름 아닌 묵향 가득한 서점가로 유명했다. 30년대에 이미 300여 개의 서점이 밀집되어 있었다 하니 그 명성을 짐작할 만하다. 그 명성은 지금도 이어지고 있다. 복주로 한편에 있는 대형 서점 도서성은 세계 최대 규모를 자랑하고 그 외에도 크고 작은 서점들이 복주로를 가득 채우고 있다.

중문학 박사생으로 상하이에서 살았으니 책을 찾고 사는 일이 많았다. 학교 근처의 여러 서점부터 시작해서 시내의 복주로 서점 거리도 자주 찾았다. 55번이나 39번 버스를 타고 와이탄이나 인민광장에서 내려 복주로까지 걷는 식이었다. 복주로의 서점을 돌면서 평소 찾고 있던, 혹은 새로 나온 유용한 책을 발견하고 기뻐한 적도 많았다. 마치 보물을 찾은 것처럼. 혹은 그냥 그 거리가 좋아 하루 종일 돌아다닌 날도 많았다. 돌이켜 보면 낭만적인 시절이었다.

그 옛날 30년대 복주로에는 조국의 앞날을 걱정하는 수많은 구국지사와 지식인들, 상하이 도시문화를 즐기는 모던보이, 모던걸들이 가득했을 것이다. 그들은 남경로의 백화점과 영화관에서 쇼핑과 오락을 즐긴 후, 근처인 이곳 복주로에 들러 새로 나온 책을 읽고 구매했을 것이다. 새로운 문물과 사상이 정신 없이 쏟아져 들어오던 시절이었으니 책을 통해 새로운 세상과 소통했을 것이다. 또한 복주로에는 서점만 있던 것이 아니다. 서점과 더불어 찻집과 술집, 기루(妓樓)가 줄지어 있던 곳이기도 했다. 사람들은 책과 더불어 한잔의 차와 술을 곁들여 인생과 예술, 사랑과 낭만을 읊조렸을 것이다.

핫플레이스 신천지

　상하이에서 가장 현대적이고 젊은 거리를 꼽으라면 아마도 신천지(新天地)를 꼽아야 할 듯하다. 게다가 수많은 외국인들이 모이는 곳이기도 하니 이국적인 분위기로도 손꼽을 수 있다. 세련되고 고급스러운 건물, 화려한 쇼핑몰, 명품숍, 영화관, 트렌디한 카페와 레스토랑, 바 등이 자리하고 있어 현지인과 관광객들 모두에게 인기 있는 거리이다.

　신천지는 90년대 말 홍콩의 자본에 의해 개발되었는데, 원래 존재했던 상하이의 전통 가옥 구조인 스쿠먼과 조화를 이루면서 개성 있게 재탄생되었다고 할 수 있겠다. 중국적 느낌이 물씬 나는 스타벅스 매장, 자유로운 분위기의 노천카페, 분수대, 거리를 걷는 사람들의 활기, 이국적 분위기 그렇게 신천지에 가면 신천지만의 개성 있고 낭만적인 느낌이 있다.

　상하이 서북쪽인 홍커우 지역에 살았던 나는 사실 신천지에 자주 갈 일은 없었고, 그저 기분 전환 삼아 특유의 분위기를 즐기러 가끔 가곤 했다. 더러는 신천지 스타벅스에서 누군가를 만나기도 했다. 또한 누군가 상하이로 놀러오면 어김없이 신천지를 안내했다. 신천지 그 자체로도 볼거리가 되지만 우리 한

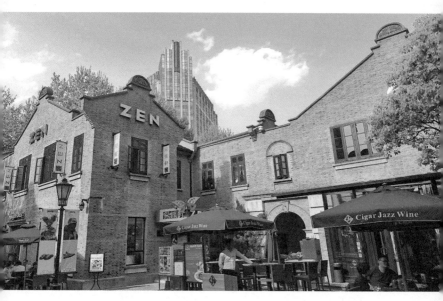

신천지

국인이라면 빠뜨릴 수 없는 곳이 임시정부인데 바로 신천지 인
근 마당로에 위치하고 있다. 그래서 겸사겸사 여러 번 그곳에
갔다.

월극을 보러가다

　흔히 차이니즈 뮤지컬이라 한다면 단연 경극(京劇)을 떠올린다. 하지만 중국에 경극만 있는 것이 아니다. 남방에는 이른바 월극(越劇)이란 것이 있다. 월극은 20세기 초 절강성과 상하이를 중심으로 생겨난 연극이다. 경극이 남성 배우 위주의 연극인 반면, 월극은 여성이 모든 배역을 맡는다. 주로 다루는 내용 역시도 남녀 간의 사랑이다.

　상하이 시내에는 월극 전용 극장이 있다. 상하이로 오기 전 베이징이나 산동지역에서 몇 번 경극을 본 적이 있지만, 월극은 그런 것이 있다는 정도만 어렴풋이 들어본 정도였다. 사실 상하이에 살면서도 딱히 월극을 보러가야겠다는 생각을 하진 않았다. 역시 중국인 친구의 제안으로 우연히 접하게 된 셈이다. 그리하여 어느 평일 날 저녁 월극을 보러갔다. 어차피 경극이나 월극이나 현장에서 배우들의 대사를 알아듣기는 어렵다. 보다 보면 그저 대략적인 내용이 눈에 들어오는 정도랄까.

　경극과 월극은 중국의 대표적인 전통 공연문화지만 젊은 세대들에게는 별로 어필되지 못한다. 그럼에도 전용 극장을 두고 계속 꿋꿋하게 전통을 이어간다는 것이 인상적이다. 평일 저녁

월극의 한 장면

관객도 별로 없는 좀 횅한 그 공연장에서 본 월극이 어떤 내용
이었는지는 가물가물하다. 다만 끝나고 몇몇 배우들과 이야기
를 나누고 차도 마시고 사진을 찍은 기억은 또렷이 남아 있다.

비와 안개, 여인의 도시

상하이 서커스

중국을 여행하다보면 종종 서커스 공연을 마주한다. 한국에서도 과거엔 서커스가 큰 인기를 끈 적이 있지만 지금은 거의 사라져 명맥이 끊어질 지경이다. 한국 서커스의 상징과도 같은 동춘 서커스도 최근 운영이 매우 어렵다는 기사를 어디선가 본 적이 있다. 안타까운 일이다. 중국도 서커스의 인기가 예전만 못한 것 같다. 하지만 큰 도시에서는 아직도 건재한 서커스단이 여러 개씩 있고 계속해서 새로운 모습으로 진화하면서 관객들을 불러 모으고 있다. 특히 상하이의 서커스 공연은 세계 최고의 수준으로 명성이 높다.

학교에서는 외국 유학생들을 위해 가끔 문화 공연을 준비하고는 했다. 그때 같이 가서 본 공연 중의 하나가 바로 서커스 공연이었다. 추억해보면 남경로 쪽의 한 극장이었던 것 같다. 상하이 생활을 막 시작하던 시기였는데, 그 환상적인 곡예를 보면서 긴장감도 풀고 앞으로 펼쳐질 유학 생활을 가늠해보았던 즐거웠던 기억으로 남아 있다. 그리고 유명한 상하이 마시청의 공연을 두어 번 보러갔다. 두 번 다 졸업한 이후의 일이다. 한번은 아내와 상하이 여행을 갔을 때, 그리고 최근 학생들을 데리고 상하이에 갔을 때 마시청(馬戲城)을 찾았다. 마침 여행사에 근무하는 상하이 동생이 공짜표를 마련해주어 더 즐겁게 볼 수 있었다. 중국 서커스가 이정도 수준이었나 싶게 저절로 탄성이 나오는 공연이었다. 다양한 레퍼토리로 관객을 웃기고 울리는 마시청 서커스 공연은 볼 때마다 감탄을 자아낸다. 특히 묘기에 스토리텔링을 더해 더욱 흥미진진하고 관객의 마음을 사로잡는다.

상하이 마시청

나이트클럽

세계 어디서나 젊은이들이 모이는 성지 중 하나가 나이트클럽이다. 세계적인 국제도시 상하이인 만큼 상하이의 나이트클럽도 언제나 성업 중이다. 상하이 유학을 막 시작한 첫 해, 나역시 상하이의 여러 클럽들을 종종 가고는 했다. 중국 젊은이들의 유흥문화도 궁금했고, 서울에 비해 어떤가 하는 궁금증도있었다. 막 서른을 맞이한 때였으니 아직은 청춘의 혈기왕성함도 있었다.

기억하는 이름으로 로잼, 쩐아이, 펑푸 같은 클럽이 떠오른다. 모두 상하이 시내에 위치하고 있었고 주말, 평일 할 것 없이사람들이 많았다. 외국인들이 많이 사는 국제도시답게 다양한국적의 사람들을 볼 수 있었다. 가장 인상 깊었던 점은 상하이의 나이트클럽에는 다양한 연령대의 사람들이 와서 즐긴다는것이었다. 나이에 따라 종류가 다양한 한국과는 좀 달랐다. 아무튼 뭐 중국답게 클럽의 규모도 거대했고, 클럽 안에 있는 넥타이 부대, 나이 지긋한 중년들의 모습도 아주 자연스러웠다.이 역시 상하이의 개방, 융합과 잘 들어맞는다는 생각을 했다.

첫 학기 같이 방을 썼던 일본인 룸메이트는 밤마다 출근도장

찍듯 나이트클럽을 순례했다. 막 20대에 들어선 청춘인데다가 누구의 간섭도 받지 않는 외국생활이었으니 상하이의 클럽은 에너지 발산에 딱이었을 것이다. 활기찬 얼굴로 간밤의 이야기를 들려주던 그 친구의 얼굴이 지금도 선하다.

바이러먼

사실 상하이의 나이트클럽, 나아가 유흥시설의 대명사는 오래전부터 바이러먼(百樂門)이다. 지금도 운영 중인 이곳은 지난 세기 30년대부터 상하이를 대표하는 최고의 유흥시설로 소위 역사와 전통을 자랑한다. 바이러먼은 영어 파라마운트를 중국어로 음차한 이름으로, 당대 중국은 물론 아시아 일대에서 명성이 자자했다.

올드 상하이를 다루는 수많은 영화나 드라마 상에서 꼭 빠지지 않고 등장하는 장면이 화려한 홀에서 댄스를 추는 것일 텐데, 바로 여기 바이러먼을 묘사하고 있는 것이다. 극동 최고의 사교클럽이자 댄스홀인 바이러먼은 한 번 다녀간 이라면 누구나 잊을 수 없을 만큼 화려하고 아찔한 공간이었을 것이다. 그리하여 바이러먼은 아시아 최고 유흥시설의 대명사가 되었고, 이후 곳곳에서 바이러먼 이름을 사용하기 시작했다.

바이러먼은 1933년 1,000명 규모로 개장했다. 상하이에 살던 외국인은 물론 중국 상류층 역시 사교춤을 배우러 드나들기 시작했고 늘 문전성시를 이루었다. 바이러먼은 즉시 상하이 사교계의 필수 코스가 되었다.

1930년대 동양의 파리라 불리는 상하이의 최고 사교법은 바로 춤이었다. 국내외 정세가 복잡하게 돌아가는 상황에서도 사람들은 춤에 열광했다. 상황이 이렇게 되자 우후죽순처럼 300개가 넘는 댄스홀이 상하이에 경쟁적으로 생겨났고, 외국인, 고위관료, 부유층은 물론 다양한 부류의 사람들이 춤을 즐기게 되었다. 수많은 댄디보이, 댄디걸, 청춘들도 바이러먼과 기타 다른 댄스홀과 클럽으로 몰려들었던 것이다.

상하이의 대학들

중국은 전국적으로 590여 개의 대학이 있다. 엄청난 수치 같지만 중국 전체의 면적과 인구를 생각해보면 사실 그리 많은 수가 아니다. 지금도 여전히 극소수의 사람들만이 대학에 입학한다. 대신 중국은 대학생들에게 미래의 인재로서 확실한 대우를 한다. 중남부를 대표하는 도시답게 상하이에도 많은 대학들이 있다. 그중 내가 살던 상하이의 서북쪽인 홍커우, 양푸지역에도 여러 대학들이 있다. 우리 서울의 신촌처럼 몇 개의 대학이 오밀조밀 몰려 있기도 하다. 그중 푸단대학, 재경대학, 동제대학이 서로 멀지 않은 곳에 위치하며 대학가를 형성하고 있다.

내가 유학한 푸단대학은 1905년에 설립되어 100년이 넘는 역사를 가지고 있다. 교문에 들어서면 중국의 여러 대학들과 마찬가지로 모택동 상이 서 있고 그 주위로 잔디밭이 펼쳐져 있다. 넓은 캠퍼스와 더불어 오랜 역사를 가진 학교답게 고풍스러운 건물이 여러 개 있다. 교문을 나와 길 건너 맞은편에 도서관이 있고 지금은 다 옮겨갔지만 문과대 행정동이 거기에 있었다. 3년간 자전거를 타고 구석구석을 누비고 다녔으니 정이 많이 들었다.

재경대학

푸단대에서 북쪽으로 조금만 가면 상하이 재경대가 있다. 재경대는 1917년 설립되었고 상경계열이 특화된 대학이다. 유학시절 몇 번 이사를 다녔는데, 마지막으로 살았던 곳이 재경대 정문 바로 맞은편에 있는 빌라 단지였다. 중국 대학생들은 도서관뿐 아니라 빈 강의실에서 자유롭게 공부하는 문화가 있어서 학교 학생이 아니더라도 언제든 들어가서 공부할 수 있었다. 집에서 가까웠기 때문에 재경대 강의실을 자주 애용하곤 했다.

동제대학은 재경대보다 조금 더 떨어져 있지만 역시 자전거를 타고 충분히 갈 수 있는 거리다. 1907년 독일인 의사가 세운 덕문의학당을 토대로 하여 성립, 발전되었기에 독일과 긴밀하게 교류하는 특징이 있다. 특히 의학과 건축학 등 이과 계통이 강한 학교다. 역시나 오래된 학교답게 고풍스럽고 웅장한 분위기가 있는데, 산책 삼아 자전거 타고 자주 가곤 했다.

중산공원과 정법대학

앞서 홍커우 지역에 있는 대학들에 대해 좀 얘기했는데, 상하이엔 그 밖에도 여러 대학들이 있다. 그중에서 개인적으로 좋아하는 학교를 두 군데만 더 말해보려 한다. 첫 번째는 화동 정법대학이다. 명칭 그대로 법학에 특화된 대학인데, 사실 정법대학은 신중국 이후에 새로 지정된 대학이고 그 전신은 바로 성요한대학(St Johnes Univ)이었다. 성요한대학은 1879년 서양 선교사에 의해 세워진 중국 최초의 대학이었고, 중국 개화의 상징과도 같은 곳이었다. 유명작가 임어당도 이 대학을 다녔다. 오래된 역사를 지닌 대학답게 고풍스럽고 분위기 있는 오래된 목조 건축을 만날 수 있다는 것이 인상적이다. 게다가 학교 내부로 쑤저우 강이 지나간다는 것도 큰 특징이다. 성요한대학답게 플라톤이나 아리스토텔레스, 루소 등 서구 철학자의 동상을 만나볼 수 있는 것도 특징이다. 정법대학에 가려면 중산공원을 가로질러 가야 하는데 역시 오래된 공원인지라 넓은 면적과 그 나름의 분위기를 지니고 있다. 성요한대학, 쑤저우강, 중산공원 등이 궁금해서 입학한 첫해 가을에 혼자서 찾아가본 뒤 그 풍경과 정취가 좋아 졸업 때까지 여러 번 찾아갔었다.

다음으로 화동 사범대학이다. 특히나 아름다운 캠퍼스로 이름난 대학인데 자연과 잘 어우러지는 풍경을 가지고 있다. 학교 주변은 번화가라 시끄러운데 교정에 딱 들어서는 순간 편안한 느낌을 전해받을 만큼 잘 꾸며져 있다. 학교 곳곳에 여러 개의 연못과 다리, 정자가 있어서 운치 있고 조경도 잘되어 있어 학생들의 많은 사랑을 받는다. 박사학위 논문을 완성하여 제출한 뒤 심사위원 중 한 분이었던 화동사범대 교수님을 찾아뵌 적이 있다. 함께 갔던 중국 동기들과 화동사범대 잔디밭에 앉아 졸업 후 계획 등 이런저런 얘기를 나누던 기억이 생생하다. 그때도 동기들과 캠퍼스가 참 예쁘다는 말을 주고받았던 것 같다.

국정로, 국권로, 한단로, 사평로

이는 내가 3년간 살았던 지역의 거리 이름이다. 국정(國定)이니 국권(國權)이니 하는 이름에는 사회주의 신중국의 느낌이 물씬 나고, 실제로 그때쯤 붙여진 이름일 것이다. 한단로(漢鄲路)는 푸단대 정문을 지나가는 큰 대로의 이름인데, 한단이란 이름이 어떻게 붙었는지는 잘 모르겠다. 사평로(四平路)는 도로 4개가 이어지는 교차로라는 의미에서 붙여진 이름일 것이다. 중국의 동부가 거의 그렇듯 상하이는 끝없는 평지가 이어진다. 조금만 가도 언덕이 나오고 산등성이를 만나는 우리와는 지형이 완전히 다르다. 그래서 중국에서 자전거는 참으로 긴요한 교통수단이다. 3년간 자전거를 타고 그 거리들을 씽씽 달렸다. 학교로, 식당으로, 도서관으로, 수영장으로, 친구 집으로….

국정로와 국권로는 사평로와 만난다. 와이탄이나 남경로 등 시내로 나가려면 사평로에서 버스를 타고 간다. 그래서 자전거를 타고 사평로의 아무 정류장이든 가서 자전거를 세워두고 버스를 타곤 했다. 와이탄가는 버스를 타고 중간에서 내리면 지도교수님 댁이 있었다. 지금은 학교 쪽까지 지하철이 들어와 있지만 당시에는 지하철을 타려면 집 쪽에서 조금 나와야 했다.

사평로와는 방향이 다른 한단로를 타고 동쪽으로 가면 번화가인 오각장과 만나고, 반대로 서쪽으로 가면 따바이수라는 역시 큰 번화가가 있다. 거기서 다시 조금 더 가면 루쉰공원과 홍커우 체육관이 나온다.

자전거와 버스를 가장 많이 타고 다녔다. 그리고 택시와 지하철, 칭꿰이라고 부르는 경전철도 자주 타고 다녔고, 또 근거리 다니는 수단으로 5위안쯤 주고 타는 오토바이도 자주 이용했다. 거리마다 골목마다 그런 오토바이들이 많았는데, 기동력이 탁월해서 좋았다.

상하이 센티멘털

사평로

비와 안개, 여인의 도시

와이탄의 건축물

와이탄에 펼쳐진 십리양장의 건축물들은 상하이를 이국적으로 느끼게 한다. 당시 상하이에 들어온 서구열강은 경쟁적으로 건물을 지었고 각자 최고, 최신의 기술과 구조로 쌓아올려 그런 풍경을 완성한 것이다. 아마도 천년만년 중국을 조계(租界)로, 식민지로 삼을 생각이었을 것이다.

지금 봐도 멋있는 와이탄의 건축물들은 당시로서는 더욱 대단했을 것이다. 아시아에서는 처음 보는 건축물이자 소위 시각적 향연이었을 것이다. 그토록 높고 그토록 근사한 건물을 어디서 본단 말인가. 그렇다면 당시의 그 건물들은 어떤 용도로 쓰였을까. 주로 은행, 호텔, 영사관, 해운회사, 시계탑, 세관빌딩 등등으로 사용되었다.

초기의 건축물은 물론 영국이 주도했고 빅토리아 시대의 고딕양식에 따라 만들어졌다. 1852년 세워진 영국 영사관이 와이탄 최초의 고층 건물이었다. 이후 팰리스 호텔, 홍콩 상하이은행(HSBC), 세관 빌딩 등이 차례로 와이탄을 수놓았다. 30년대에 이르자 신흥 대국 미국의 영향력이 커지기 시작했다. 24층으로 지어진 파크호텔은 당시 상하이 최고층 건물이었다. 또한 미국이 주도한 영화관, 백화점, 아파트들이 줄줄이 들어서며 미국 뉴욕과 비교되기 시작했다.

　당시의 건축물들은 현재도 은행, 호텔 등으로 사용되고 있다. 물론 중국의 은행, 호텔로 바뀌어서 말이다. 한편으로는 치욕의 유물로 여겨 다 없앨 수도 있겠지만, 지금은 그것이 상하이를 상징하는 대표적인 풍경과 관광지가 된 셈이다.

비와 안개, 여인의 도시

상하이 여자들

상하이 사람들은 실용적이고 개방적인 것으로 알려져 있다. 또한 대도시 사람답게 국제적인 감각을 가지고 있고, 자신들이 상하이인이란 것에 큰 자부심을 갖는다. 또한 여자들의 지위가 높기로도 유명하다. 가령 40년대 상하이를 대표했던 장아이링의 그 세련되고 도도한 이미지를 떠올려 보면 쉽게 수긍이 간다.

상하이에 살면서 적지 않은 상하이 여성들과 교류하며 느낀, 상하이 여자들에 대해 조금 이야기해보려 한다. 상하이에 입성했을 때 나는 막 서른이었다. 그리고 미혼이었으니 자연스레 상하이 젊은 여성들과 어울리는 경우가 많았다. 당시 내가 접해본 상하이 여성들은 주로 20대였고, 대개는 학생들이었지만 가끔은 직장인도 있었고 이웃에 사는 다양한 연령의 여자들도 있었다.

내가 느낀 상하이 여자들은 대체로 밝고 쾌활했다. 그리고 친절했다. 그리고 익히 알고 있는 것처럼 스마트하고 또 현실감각이 뛰어났다. 대개의 중국 여자들이 그렇듯이 상하이 여자들 역시 독립심이 강하고 능동적인 편이었다. 지금은 다들 아기

엄마, 혹은 골드미스가 됐지만 십몇 년째 연락하고 지내는 친구들이 많다. 그러고 보면 정과 의리도 많은 편이라 할 수 있겠다. 이는 물론 어느 정도 안면이 트이고 꽌시(关系)가 쌓인 뒤의 이야기라는 것을 염두에 두어야 한다.

박사과정에 막 입학했을 무렵, 일본인 룸메이트와 학교 교정을 둘러보는데, 학교 곳곳에서 여러 집기류를 펴놓고 팔고 있었다. 그때 한군데에서 아르바이트 삼아 물건을 팔던 십대 여고생은 생글거리는 얼굴로 우리에게 친구가 되자며 말을 걸어왔다. 이후 졸업 때까지 이 꼬마 친구의 도움을 많이 받았다. 도저히 십대 소녀라고는 믿기 어려울 만큼 여러 면에서 능수능란해서 놀랐다. 상하이 여자의 특징을 전형적으로 보여준다고 할까. 같이 공부했던 동기들, 후배들 또한 굉장히 친절하고 적극적인 경우가 많았다. 가령 수업시간에 선생님이 판서한 글씨를 못 알아보고 헤매고 있으면 대신 해주기도 하고 가끔은 집에 놀러와 직접 요리를 해주기도 하는 등 학습적인 부분은 물론 생활적인 부분에서도 도움을 많이 받았다. 이웃집에 살던 아주머니, 그리고 방 주인 아주머니들도 살갑고 친절해서 방학 때 귀국할 때마다 대신 세금이며 여러 가지 일들을 처리해주었고 겨울이면 솜이불도 갖다주는 등 여러 가지 신경을 써주었다.

강남 수향마을, 주가각, 주장, 시탕

시탕

상하이에서 조금 떨어진 외곽에는 멋진 수향마을이 많다. 대도시 상하이와는 완전히 다른 분위기를 가진 그곳 수향에 가보면 시간이 멈춘 듯한 기분에 젖기도 한다. 예전 유학시절, 여행사에서 일하는 친한 중국인 후배 덕에 인근 여러 수향마을에 자주 갔었다. 주로 주말 당일코스로 많이 갔는데, 기분 전환에 그만이었다. 전통적인 강남의 수향을 느낄 수 있는 곳이고, 과거의 모습이 그대로 보존되어 있어 시간여행의 기분을 맛볼 수 있는 루트라고 하겠다. 학교에서도 가끔 소풍 삼아 버스를 대절해 인근 수향마을에 가곤 했다. 특히 졸업 논문이 통과된 그해 초여름, 가벼운 마음으로 동료 선후배들, 학과 선생님들과 함께했던 시간이 즐거운 추억으로 남아 있다.

먼저 주자각(朱家角)을 이야기하자면 명 청대의 건물들이 잘 보존되어 있는 물가 마을로, 마을을 가로지르는 운하를 따라 건축이 늘어서 있다. 아치형의 다리가 많아 색다른 볼거리가 되고 아기자기한 집들과 조화를 이루고 있다. 운하를 따라 만들어진 좁은 통로에는 언제나 많은 관광객들이 오고 간다.

주장(周庄)도 당일치기로 다녀올 수 있는 전통 운하마을이다. 아기자기한 운하가 골목마다 이어지고 역시나 아치형 돌다리와 고즈넉한 건물들이 조화를 이루며 사람들을 맞는다. 배를 타고 운하를 돌아볼 수도 있고, 물가 한쪽에 앉아 지역 특산물과 맛 좋은 차 한잔을 마시는 재미도 쏠쏠하다.

시탕(西塘)도 비슷한 분위기의 수향인데 몇 년 전 할리우드 영화 〈미션 임파서블3〉의 촬영지가 되면서 더 입소문을 탔다.

상하이의 먹거리

자, 수도 베이징과 쌍벽을 이루는 곳이 상하이다. 발달된 중국 경제와 문화를 상징하는 또 다른 곳이다. 상하이는 장강과 이어지고 바다를 끼고 있는 지리적 이점, 그리고 서구의 영향을 크게 받았다는 특색이 있다. 그러므로 사철 풍부한 해산물과 내륙의 갖가지 재료들을 언제든 공급받는다. 상하이 요리의 두드러진 특징이라면, 아무래도 달콤한 맛이 많다는 것이다. 상하이 요리는 중부지방의 요리를 대표하며, 상하이뿐 아니라 남경, 양주, 쑤저우 등의 요리가 포함된다.

하지만 그렇다고 상하이에 살면서 상하이의 유명한 요리들을 속속들이 맛보고 즐겼다고 할 수는 없다. 몇 가지 자주 먹는 음식 외에는 그리 다양하게 즐겼다고 하기 어렵다. 어쨌든 널리 알려진 상하이의 대표 요리로 게요리를 먼저 꼽고 싶다. 상하이는 양자강의 하류가 바다와 만나는 지점이다 보니 사철 해산물이 풍성하지만, 가을철 게요리야말로 별미 중의 별미겠다. 물론 게요리를 고급 식당에서 제대로 먹으려면 비용이 상당하다. 학생 신분이던 나는 고급식당 대신 남경로 신세계백화점 푸드코너에서 가끔씩 먹고는 했다.

소룡포

　세계적으로 이름난 소룡포는 상하이, 난징 등 강남 지역에서
즐겨먹는 만두다. 예원 쪽에 있는 난샹 소룡포가 가장 유명하
지만 사실 소룡포는 상하이 어느 곳에서든 쉽게 먹을 수 있다.
살던 동네의 여러 가게에서 소룡포를 팔았다. 오며 가며 간식
삼아, 끼니 삼아 몇 개씩 사먹던 기억이 생생하다.

　일반적으로 상하이를 대표하는 요리로 많이 거론되는 몇 가
지를 더 소개한다. 먼저 하자대오삼(蝦子大烏參)이다. 상하이
를 대표하는 유명 요리 중 하나로, 불린 해삼을 사용한 음식이
다. 두 번째로는 귀비계(貴妃鷄)를 들 수 있다. 포도주나 소홍
주를 넣고 볶은 닭날개 요리다. 다음으로 송인어미(松仁魚米)
를 꼽는다. 쏘가리와 소나무씨를 볶아서 만든 요리다. 취하(醉
蝦)도 빠뜨리면 서운하다. 술 취한 새우요리. 산 새우를 술통에
넣어 만든 음식이다.

동북 쌀, 미국 쇠고기

중국에 살면서 아침은 대개 딴빙(蛋餠)이나 유티아오(油條), 만두 혹은 죽과 계란, 그리고 따끈한 두유로 해결했다. 대부분 중국인들이 그러하다. 집에서 아침을 만들어 먹지 않고 동네가게에서 사서 먹는다. 점심, 저녁도 학교 식당이나 인근 식당에서 사먹는 경우가 많았지만 살다보니 집에서 만들어 먹는 경우도 많았다. 방학 때마다 집에서 가져오는 고추장이나 마른반찬 같은 간단한 밑반찬은 늘 있었으니 밥만 하면 대충 끼니를 떼울수 있었다. 집 근처에 시장은 얼마든지 있었고 물가는 저렴하니 조금만 부지런을 떨면 얼마든지 다양한 요리도 해먹을 수 있었다.

쌀은 슈퍼에서 5키로, 10키로씩 사다 먹었다. 그런데 먹다보니 꼭 동북쪽에서 생산된 쌀을 사게 되었다. 상하이는 남방이다 보니 인근 남쪽에서 생산된 쌀들이 물론 많았는데, 2모작, 3모작까지 가능한 남방미는 힘이 없고 날아다녔다. 우리가 흔히아는 베트남 쌀과 비슷했다. 중국식 볶음밥에는 적합할지 모르겠지만 한국 쌀에 익숙한 나로서는 최대한 우리와 비슷한 쌀을찾아야 했다. 그래서 자연스레 동북 쌀, 즉 동북미를 사게 된 것이다. 가격은 확실히 남방미보다는 비쌌다.

　그리고 역시 슈퍼에서 가끔씩 사다가 구워 먹던 미국산 쇠고기가 기억난다. 중국에서 고기요리야 언제 어디서든 푸짐하게 먹을 수 있고, 시장에 가서 신선한 고기들을 쉽게 사다가 해먹을 수 있었지만, 가끔은 그냥 편리하게 슈퍼에서 냉동육을 사다 먹을 때도 있었다. 그럴 때 종종 사먹었던 것이 바로 포장에 크게 미국 국기가 새겨진 얇게 썬 슬라이스 냉동 쇠고기였다. 프라이팬에 기름을 좀 두르고 살짝 구워서 쌈장에 찍어먹으면 맛이 괜찮았다. 상하이에 놀러왔던 친구가 나중에 두고두고 그 맛을 얘기하는 걸 보면 그게 나름 인상에 남았나보다.

해옥의 순두부찌개

상하이 푸단대학 근처에는 열 개 가까운 한국식당이 있었다. 지금도 크게 다르지 않을 것이다. 푸단대 외에도 여러 개의 대학이 몰려 있는 대표적인 대학가이고, 어학연수 및 유학 온 한국 학생들이 천 명이 넘었으니 충분한 수요가 있었다. 주로 조선족들이 운영하는 식당이 많았고, 간혹 한국인이 직접 연 식당도 있었다. 나는 여러 한국식당을 두루두루 이용했는데 그중에서도 해옥(海屋)과 엄마네 집(娘家) 두 군데를 많이 갔다.

특히 해옥에 대한 기억이 많은데, 정 많은 중년의 조선족 아저씨가 사장이었다. 규모도 작고 위치도 조금 외곽이긴 했지만, 맛이 좋았고 가격도 적당했으며 또한 푸짐했다. 그리고 다른 식당과는 다르게 배달도 했다. 된장찌개, 순두부찌개, 김치찌개, 육개장, 냉면 등을 많이 먹었다. 그중에서도 순두부찌개에 대한 인상이 깊다. 뜨끈뜨끈하고 얼큰한 데다가 순두부 맛도 좋았다. 추운 겨울은 물론 여름에도 이열치열로 순두부찌개참 많이 먹었다.

해옥에서 반찬을 시켜다 먹는 경우도 많았다. 두부조림, 감자볶음, 김치 등등을 따로 시켜다가 냉장고에 두고 먹었다. 야식으로 떡볶이나 부침개 등을 시켜먹던 밤도 기억난다. 배달원 아저씨가 자전거를 타고 부지런히 반찬이며 야식을 날라다주 었다. 고마운 기억이다.

2부

누군가 그리운 날에는
상하이에 가야 한다

남포대교에 대한 단상

한강에 수많은 다리가 있듯이, 상하이에도 황푸강의 동과 서를 연결하는 여러 다리들이 있다. 그중에 나는 유독 남포대교에 대한 인상이 깊은데, 왜냐하면 푸동공항을 가려면 당연히 황푸강을 건너야 했고, 주로 이 남포대교를 건너 다녔기 때문이다.

2004년 7월, 유학을 마치고 귀국길에 오르던 아침의 기억이 오래 남아 있다. 대부분의 짐은 한달 전 미리 배편으로 부쳤고, 처음 상하이에 입성했을 때 들고 온 캐리어 하나에 남은 짐을 넣고 홀가분하게 떠나가는 길이었다. 같이 졸업하는 동기 형과 늘 그랬듯 오각장(五角場)에서 공항리무진을 타고 푸동 국제공항으로 향했다. 3년간 미운정 고운정이 많이 들었으니 떠나는 감회가 적지 않았을 것이다. 단순히 시원섭섭했다는 말로는 부족하고 복잡미묘했다는 표현이 맞을 것이다.

목표한대로 3년 만에 학위를 마쳤으니 뿌듯하고 벅찰 줄 알았는데 막상 모든 게 끝나니 기쁨보다는 허탈함이 컸다. 다소 지쳐서 그런 느낌이 들었을 수도 있을 것이다. 상하이에 대한 감정도 미묘했다. 막바지에 가서는 하루 빨리 상하이를 탈출하

자는 마음이 강했지만, 막상 떠나려니 뭐랄까 아쉬운 느낌이 컸다. 아직 상하이 구석구석에 대해 보지 못했다는 생각, 그동안 왜 충분히 돌아보지 않았나. 다시없을 기회였는데 왜 중국 구석구석을 다니지 않았나 하는 생각들이 들면서 내가 뭔가 잘못 생활하지 않았나 하는 진한 아쉬움이 들었다. 마지막 1년은 거의 논문에 올인하는 시간이었고 전혀 마음의 여유가 없었으니 어쩔 수 없는 구석도 있었다.

그런 복잡한 생각이 앞뒤 없이 드는 와중에 공항에 가는 리무진버스는 남포대교를 타고 황푸강을 건너고 있었다. 눈앞에 들

남포대교

어오는 풍경을 보며 새삼스레 아 황푸강이, 와이탄이 이렇게 정
답고 아름다웠나 싶었다. 이른 아침이라 물안개도 자욱하게 피
어 있어 더욱 낭만적인 느낌을 주었고, 때마침 비도 좀 내렸으
니 제대로 감성 폭발이었다. 요컨대 잘 알고 있었지만 새삼 또
새롭게 다가오는 상하이의 속살이었다. 나는 남포대교를 건너
며, 차창 밖의 상하이 풍경을 내려다보며 중얼거렸다.

　"잘 있어라 상하이여, 그동안 고마웠다. 언제고 네가 그리우
면 달려오겠다."

와이탄과 남경로에 비가 내리면

몇 년 전 여름, 아내와 함께 상하이에 간 적이 있다. 아내의 여름휴가에 맞춰 떠난 여행이었다. 산동의 청도에서 시작하여 여러 도시를 거쳐, 늘 그랬듯 마지막 여행지로 상하이에 들렀다.

예전에 살았던 곳, 즉 양포구 오각장 근처에 숙소를 정하고 익숙한 55번 버스를 타고 와이탄에 나왔다. 한여름 상하이의 더위는 익히 아는 바, 낮에는 움직이지 않는 게 상책이지만, 시간은 얼마 없고 처음 상하이에 와본 아내에게 최대한 구석구석 보여주고 싶어 무리 아닌 무리를 한 셈이다. 그 폭염 속에도 사람들은 붐볐다. 와이탄을 좀 보고 남경로에 접어들자마자 더위와 피로에 지쳐버렸다. 가게마다 문을 활짝 연 채 에어컨을 세차게 돌리고 있었다. 아무 가게나 들어가 에어컨 바람에 더위를 식히다 또 조금 둘러보고 또 들어가고를 반복하며 남경로를 둘러봤다. 아내는 상하이는 뭔가 다르다며 감탄을 했지만 역시나 더위에 지친 기색이 역력했다.

그때쯤 상하이의 한 상징이기도 한 비가, 여름날의 소나기가 요란하게 퍼붓기 시작했다. 화평반점 근처 어디쯤 지나고 있을

와이탄 거리

때였는데 정말 반가운 비였다. 삽시간에 억수같이 쏟아지는 그 비는 더위를 날려줌과 동시에 상하이 와이탄과 남경로를 더욱 더 낭만적인 공간으로 만들어주었다. 내친김에 황푸강 위에서 제대로 비 오는 와이탄을 보자는 생각이 들어 푸동으로 건너가는 페리를 탔다. 한여름 폭염 속에서 시원한 폭우를 만난 사람들은 모두 들떠서 황푸강 위에서 비오는 오후 상하이 와이탄의 풍경을 바라보았다. 그래, 비오는 상하이 풍경, 내가 보고 싶던 상하이의 바로 그 반가운 모습이었다.

야자수, 남국의 이미지

상하이에 처음 갔을 때 가장 먼저, 시야에 인상적으로 들어온 것은 바로 야자수였다. 아, 여기가 남방은 남방이구나 싶었다. 야자수가 전해주는 특유의 어떤 어미지, 예컨대 조금은 여유롭고 낭만적인 분위기가 상하이에 대한 첫 인상이었다. 상하이에 가기 전 산동에서 어학연수를 했고, 베이징에도 몇 번 가봤던 터라 중국 경험은 좀 있었지만, 확실히 상하이는 베이징이나 산동과는 확연히 다른 느낌으로 다가왔다. 남쪽이라는 느낌, 이른바 남국의 느낌이 굉장히 강했다.

그로부터 3년, 상하이에 살면서 미운정 고운정이 많이 들었다. 먼저 기후에 대한 인상이 강한데, 여름날의 그 미친 폭염과 사계절 내내 내리던 비, 그리고 겨울날 습기를 가득 머금은 그 냉기, 그리고 안개까지 그 강렬한 기후적 특징을 잊을 수 없다. 본토에 가서 큰 학문적 성취를 이루겠다던 젊은 날의 야심은 귀국 즈음에는 그저 이렇게 졸업해가는 것만도 다행이다라는 생각으로 쪼그라들어 있었다. 나의 청춘은 서서히 저물고 있었고 이래저래 피로했다. 어서 빨리 상하이를 뜨자는 마음으로 급하게 귀국을 서둘렀다.

지금 돌아보면 아쉬운 부분이 적지 않다. 인생에 있어 다시 올지 모를 좋은 기회를 좀 더 알차고 계획성 있게 보냈어야 했는데 하는 아쉬움, 또한 있는 동안 최대한 중국의 여러 곳을 가 봤어야 했는데 그러지 못했다는 아쉬움 같은 것도 있다. 하지만 한편으로 생각해보면 당시로서는 그게 최선이었다는 생각도 든다. 그리고 애써 위안을 삼는 것은, 이젠 더 이상 학생으로서 상하이에서 생활하진 못하지만 언제든 상하이가, 나의 젊은 날이 그리우면 달려가 일주일이고 한 달이고 지내다 오면 된다는 것이다. 상하이는 언제나 넉넉한 품으로 나를 맞이해줄 것이다.

상하이로 간 사연

상하이에 대한 이런저런 이야기를 하고 있는데, 그럼 이쯤에서 상하이로 가게 된 인연을 좀 말해볼까 한다. 나는 왜 상하이로 갔던가. 석사학위를 마칠 때쯤, 본고장 중국에 가서 더 공부를 하겠다는 결심을 하고 학교를 알아보기 시작했다. 당시에는 당연히 수도 베이징을 생각했다. 베이징대학 및 칭화대학, 베이징 사범대학 정도를 생각하고 알아보기 시작했다. 그런데 문제는 내가 유학을 준비하던 그 시기, 베이징 쪽 대학들의 입시일정이 막 끝났다는 것이었다. 중국은 9월이 1학기이다보니 대학원 입학시험을 3, 4월에 치르는 학교가 많았다. 그해 코스모스 졸업을 하게 돼서 석사논문에 대한 절차가 거의 끝난 시점이 5월이었으니, 베이징대학의 시험에 참여할 수가 없었다. 물론 시험 없이 서류와 면접만으로 인원을 뽑는 학교들도 있었지만 고려 대상이 아니었다. 이때까지만 해도 상하이는 전혀 생각하고 있지 않았다. 베이징은 여러 번 다녀가서 얼추 익숙했고, 그때만 해도 상하이는 가본 적도 없는 미지의 도시였다.

이제 막 서른이 된, 혈기왕성한 청춘이었던 나는 일단 부딪쳐보기로 하고 베이징으로 향했다. 사정을 설명하고 시험을 치를 기회를 달라고 외쳐볼 작정이었다. 마침 베이징대학 중문과에 잘 아는 교수님도 계셨기에 부탁을 좀 드려볼 계산도 있었다. 하지만 찾아간 학교에서는 예외를 둘 수 없다는 강경한 대답을 들었다. 한편으로 믿었던 교수님도 도와주지 못해 미안하다는 말을 전할 뿐이었다. 목표로 했던 몇 개의 대학 말고도 한두 군데 더 찾아가봤는데 그중 한군데에서는 조건부 입학을 제안하기도 했다. 그런 제안은 별로 내키지 않았다.

자, 그렇다면 선택은 두 가지였다. 다시 1년을 기다려서 베이징으로 갈 것인가. 아니면 시험이 8월에 있는 상하이로 갈 것인가. 고민의 시간은 길지 않았다. 발걸음은 이미 상하이로 가기 위해 베이징 기차역으로 향하고 있었다. 그래, 상하이로 가자. 당장 상하이로 가려는 발걸음을 일단 붙들고 베이징 기차역 광장의 한 매점에서 나는 상하이에 있는 지인에게 전화를 걸었다. 그리고 다음날 일단 베이징에서 비행기를 타고 한국에 들어왔다. 필요한 서류를 상하이로 부치고 이것저것 유학준비를 해서 7월 중순 홀로 상하이행 비행기에 올랐다.

결과적으로 상하이로 간 것은 여러모로 잘한 일이었다고 생각한다. 베이징도 무척 좋아하지만, 나에게는 베이징보다 상하이의 개방성과 활력이 잘 맞았다고 본다. 그리하여 나는 상하이를 더욱더 깊이 사랑하게 된 것이다.

죽엽청주와 충남해

비가 많은 상하이, 날씨와 정신 건강이 밀접한 관련이 있겠다는 생각을 상하이에 살면서 많이 했다. 평소 비오는 걸 좋아했지만 비가 너무 오래 내리고 햇빛을 못 보니 저절로 울적해지는 것을 느꼈다. 비가 많은 런던에 우울증이 있는 사람들이 많듯이 상하이 역시 비가 많은 도시니 비슷한 상황일 것 같다.

비가 많이 오니 술이 빠질 수 없다. 게다가 중국은 술의 나라, 온갖 이름을 단 술들이 엄청나게 많다. 그중에서 친구들, 동료들과 자주 마신 술은 역시 칭다오 맥주와 죽엽주를 꼽을 수 있다. 더운 여름밤 꼬치나 국수와 함께 마시는 시원한 칭다오 한 잔, 그리고 추운 겨울날 친구들과 사천 훠궈를 시켜놓고 작은 잔에 따라 마시던 죽엽주 한 잔을 잊을 수 없다.

비가 오면 술맛이 좋아지듯, 담배 맛이 또한 좋아진다. 그 역시 심리적 기제일지 모르지만, 시원하게 떨어지는 빗줄기를 보면 저절로 담배에 손이 간다. 중국은 술과 더불어 담배에도 관대한 나라다. 사람들을 만나면 담배부터 권하는 문화가 있다. 어디서나 눈치 보지 않고 자유롭게 피울 수 있는 분위기가 있다.

죽엽 청주

중국에 살면서 애용한 담배는 중남해(中南海)였다. 아마 중국에 사는 많은 한국인들이 그 담배를 피웠을 것이다. 다른 수많은 중국 담배들에 비해 한국 담배 맛에 가까운 게 중남해다. 음식뿐만 아니라 담배에도 입에 맞는 게 있다니 신기할 따름이다. 중국은 큰 만큼 다양한 지역에서 각자 이름을 걸고 수많은 담배를 생산하고 판매한다. 가격차도 천차만별이다. 가령 쌍희(雙喜) 같은 소위 비싸다는 고급담배를 피워보면, 우리 입에는 너무 독해서 가격을 떠나 좀처럼 손이 가지 않는다. 중남해는 한국 돈으로 천 몇백 원쯤 되는데, 여러 담배 중 가격대로 보면 싸지도 비싸지도 않은 딱 중간 정도되는 가격이 있다.

비 오는 가을, 루쉰공원에 가다

집에서 멀지 않은 곳에 루쉰공원이 있었다. 원래 이름은 홍커우공원, 우리에겐 윤봉길 의사의 의거로 더 잘 알려진 곳이다. 오랜 역사를 가진 공원답게 전통적인 중국의 공원 분위기를 잘 보존하고 있다. 넓은 호수가 있고, 나무들이 우거져 있어 편안한 느낌을 준다. 학교 앞에서 143번 버스를 타면 20분가량 걸렸고 마침 거기가 바로 버스 종점이었다. 평상시 그냥 바람 쐬듯 자주 가던 곳이었고 가끔은 자전거를 타고 가기도 했다.

어느 가을날이었다. 상하이 유학시절 2년차 가을로 기억한다. 비는 주룩주룩 내리고 마음은 심란했다. 그 얼마 전 깨진 연애는 계속해서 나를 괴롭혔고, 이상하게도 좀처럼 마음이 잡히지 않았다. 그날 불현듯 루쉰이 보고 싶었던 것도 흔들리는 마음을 좀 다잡고 싶어서였을 것이다. 알다시피 루쉰은 중국인이 사랑하는 불멸의 민족혼, 문학가이자 사상가이고 중국을 넘어 많은 이들이 존경하는 인물이다. 그의 치열한 정신과 실천력, 나 역시 루쉰을 존경하고 흠모했다.

덜컹이는 버스를 타고 루쉰공원에 갔다. 비는 여전히 세차게 내리고 있었고 들고 간 커다란 우산도 세차게 흩날리는 가을비

루쉰공원 내에 있는 루쉰의 묘소

누군가 그리운 날에는 상하이에 기아 한나

를 다 막진 못했다. 그런 건 상관없었다. 그저 루쉰의 치열한 정신을 다시 만나고 싶었을 뿐. 늘 보던 루쉰의 동상과 묘가 그날 따라 새로웠다. 그리고 누군가 묘 앞에 놓아둔 새하얀 국화가 세찬 비를 맞고 있었다. 루쉰을 흠모하는 누군가가 두고 간 국화였을 것이다. 세찬 가을비, 루쉰의 묘, 그리고 하얀 국화, 지금까지 오랫동안 가슴에 남아 있는 상하이의 한 이미지다.

나를 위로해준 중국 노래들

내 나라 내 고향이 아닌 타지에서 살다보면 아무래도 정신적으로 약해지는 경우가 많기 마련이다. 가족과 친구가 그립고 괜히 시시때때로 울적한 기분이 들기 십상이다. 그럴 때 그 쓸쓸함과 울적함을 달래주는 데에는 노래만 한 것이 없다. 아무 때나 쉽고 편하게 들을 수 있는 것이 또한 노래 아니던가.

한국 노래나 팝송도 물론 많이 들었지만, 아무래도 중국에서 살다보니 중국 노래를 주로 많이 들었다. 한편으로는 듣기 실력을 더 키워보겠다는 욕심도 있었다. 같은 동양 문화권이다보니 정서적인 부분에서도 중국과 한국은 많은 것을 공유하는 것 같다. 중국 노래는 특히나 조용한 발라드의 비중이 압도적으로 많다. 가령 저 유명한 등려군부터 최근 젊은이들에게 인기 있는 여러 가수들까지, 감미롭고 구슬픈 발라드 노래가 대부분이다.

나는 아무래도 20대를 보낸 90년대의 히트곡들에 익숙하기 때문에, 주로 그 시절의 인기곡을 많이 들었다. 예컨대 남자 가수로는 장국영, 유덕화, 여명, 장학우, 제진, 나대우, 왕걸, 진혁신, 장신철 등의 노래, 그리고 여가수들로는 유약영, 왕비, 매염

방, 소혜륜, 진혜림 등등의 노래를 즐겨 들었다. 주로 홍콩과 대만 가수들이었다. CD도 많이 사서 들었고 그 시절 라디오도 참 즐겨 들었다. 몇몇 채널의 프로그램들은 지금도 기억이 생생할 만큼 즐겨 들었고 또 좋아했다.

90년대에 한창 인기 있던 가수는 물론 등려군, 채금 등의 국민가수 노래도 좋아해서 많이 들었고, 2000년대 들어 인기를 얻기 시작한 젊은 가수들, 예컨대 젊은이들의 우상인 주걸륜, 왕력굉, 오월천 등의 노래도 많이 들었다.

중국 노래 듣기는 적적함을 달래주는 것으로 그치지 않았다. 노래를 듣다가 가사가 잘 들리지 않으면 사전을 찾아보며 뜻을 익혔고, 좋은 가사들은 받아적기도 많이 했으니 중국어 공부에도 유용했던 셈이다. 사실 외국어 공부에는 왕도가 없고, 꾸준히 해야 성과를 낼수 있다. 그러기 위해서는 흥미를 계속 유지해나가는 게 중요할텐데, 이렇듯 영화나 대중가요 등을 활용하는 것도 정말 좋은 방법이 된다.

판다를 보러 가다

알다시피 판다는 중국을 상징하는 동물이며, 중국에서도 사천지역에만 서식하는 국보급 동물이다. 때문에 아주 극진한 대접을 받고 있는데, 귀여운 외모와 행동으로 중국인뿐 아니라 전 세계인들의 사랑을 받고 있다. 최근에는 3D 애니메이션 〈쿵푸팬더〉의 흥행으로 더욱 많은 사람들의 관심과 사랑을 받고 있다.

상하이에서도 판다를 볼 수 있다. 판다뿐 아니라 전 세계 모든 동물을 볼 수 있는 대규모 동물원이 상하이에 하나도 아닌 두 군데가 있다. 하나는 상하이동물원이고, 또 하나는 야생의 환경을 최대한 살려놓은 야생동물원이다. 두 군데 모두 엄청 큰 규모를 자랑하고 있어 한번 가볼 만하다. 둘 다 시내에서 좀 떨어져 있는데, 상하이동물원은 상하이 서남쪽에 위치하고 있고, 상하이 야생동물원은 푸동 쪽에 있다.

동물을 좋아하고 관심이 많은 터라 상하이에 살면서 동물원에 가끔씩 갔다. 특히 꽃피는 봄과 선선한 가을에 산책 삼아 몇 번 갔던 것 같다. 친구나 동료들과도 가고 더러는 혼자서도 갔다. 동물원에 가면 어린 시절 소풍을 가던 기억도 떠오르고 왠

판다

지 조금은 더 동심의 세계로 다가가는 듯한 느낌이 든다. 그래
서 기분 전환을 좀 하고 싶을 때, 머리가 복잡할 때 동물원에 가
끔 간다.

워낙 규모가 크고 동물들이 많아서 대충 둘러봐도 서너 시간
이 훌쩍 지나간다. 시간의 여유를 좀 가지고 가면 좋을 것 같다.
갈 때마다 중국의 자랑인 판다를 가까이에서 볼 수 있어 또한
좋았다. 그 귀엽고 또 게으르기도 한 장난꾸러기를 보고 있으
면 잠시 모든 걸 잊고 집중하게 된다.

중국 대학의 기숙사

　푸단대학교의 중국 학생 기숙사는 북구(北區)와 남구(南區) 두 개로 나뉜다. 중국 대학생들은 대학에 입학하면 모두 기숙사 생활을 한다. 본과생의 경우, 보통 6인 1실에 화장실과 주방, 샤워실 등은 공동으로 사용한다. 사생활 측면에서는 좀 불편할지 모르지만, 4년 내내 친구들과 함께 붙어살면 저절로 미운정 고운정이 듬뿍 들 것이다. 그래서 중국인들에게 대학 시절이 더욱 각별하게 추억되는지도 모르겠다. 가끔 중국 친구들이 대학 시절을 퍽이나 낭만적으로 추억하는 걸 봐도 그렇다.

　푸단대 남구는 학교에서 남쪽으로 좀 떨어진 곳에 위치하는데 좀 오래된 기숙사이고, 북구는 학교 내 북쪽지역에 새로 올린 신식 기숙사다. 그래서 각자의 분위기가 다르다. 남구가 낡은 대신 좀 더 푸근하다면, 북구는 깔끔하게 정리정돈이 잘되어 있다. 간혹 중국 친구들 기숙사에 놀러가곤 했는데 초반에는 남구쪽에 많이 갔고 나중에는 새로 지어진 북구에 가는 경우가 많았다. 학생 모두를 수용하는 기숙사니 규모는 상당했고 생활을 위한 제반시설들, 예컨대 식당, 운동장, 실내 체육관, 샤워실, 매점, 서점 등등이 근처에 잘 갖추어져 있다. 자전거로 움직이면 딱 좋은 거리였다.

중국인 동기, 후배 등을 만나러 북구, 남구 기숙사에 종종 가
곤 했다. 같이 밥을 해먹기도 하고 공부에 대한 이야기를 나누
기도 했으며 이런저런 모임 때문에 가기도 했다. 지나고 나니
다 정겨운 기억들이다.

외국인 유학생 기숙사는 중국 학생들 기숙사와는 따로 떨어
져 있다. 내가 유학하던 시절까지는 좀 오래된 건물 몇 채를 외
국인 기숙사로 썼는데, 졸업 즈음에는 학교 내에 수십 층의 고
층건물을 지어 그쪽으로 옮겼다. 최신 시설을 갖춘 대신 기숙
사비는 꽤 비쌌던 걸로 기억하는데, 개인적으로는 구 기숙사가
더 정겹고 좋았다.

북구 숙소

유학생 기숙사 5호동

지금 푸단대 유학생 기숙사는 광화루(光華樓)라는 수십 층의 고층건물 안에 있지만, 내가 유학하던 2000년대 초반까지는 그렇지 않았다. 학교 동문 바로 근처에 따로 독립되어 있었고, 다섯 동의 5층짜리 건물을 사용했다. 정문에 수위 아저씨가 상주하면서 입출입을 체크했고, 식당, 휴게소, 체육관, 도서관 등이 모두 그 안에 위치했다. 좀 오래된 건물과 시설이긴 했지만 생활하기에 별 불편함이 없었고 정겹고 푸근했다.

세계 각국에서 유학 온 학생들이 모여 살았고 역시나 일본, 한국 등의 아시아 유학생들이 월등히 많았다. 5층짜리 건물이 5개 동이나 됐으니 유학생의 수는 꽤 많았다. 방은 1인실과 2인실 2종류였던 것으로 기억한다. 3년의 유학기간 중 첫 학기를 기숙사에서 살았다. 그중에서 5호동에 살았는데, 2인 1실에 주방, 화장실, 샤워실 등은 공동사용하는 형태였다. 나는 열 살 차이 나는 일본인 연수생과 함께 방을 썼다. 방은 5층이었고 엘리베이터는 없었다. 5층에는 일본 유학생이 좀 많았고 미얀마, 인도, 그리고 아프리카에서 온 학생들이 있었다. 대부분은 어학연수생이나 1년 정도의 교환학생들이었으니 20대 초중반들이었다.

　다양한 국적의 청춘들이 모여 살았으니 이런저런 재미있고 다양한 풍경들이 펼쳐졌다. 주말이면 돌아가며 파티를 열어 서로 어울리기도 했고 또 때로는 이런저런 마찰이 생기기도 했다. 당시 서른이던 나는 나이도 가장 많았고 대다수 본과생인 속에서 박사과정이었던 터라 따거(大哥)로 불렸다. 게다가 수위 아저씨는 나를 선생이라고 불러서 왠지 모르게 행동거지를 더 조심해가며 다녀야 했다.

포켓볼과 탁구

유학생 기숙사 안에는 작은 도서실과 체력 단련장이 있었다. 말하자면 유학생들을 위한 편의시설인 셈이다. 도서실에는 약간의 신문과 잡지 등이 비치되어 있었고, 몇 개의 책상이 있어서 공부도 할 겸 신문도 볼 겸해서 자주 들르곤 했다. 그 중 영화잡지가 있어 재밌게 본 기억이 난다. 혈기왕성한 유학생들이 작은 도서실에 오는 경우는 사실 별로 없어 늘 한적한 그 공간이 좋았다. 반면 탁구와 당구 등을 칠 수 있는 체력 단련장에는 늘 사람들로 붐볐다. 사실 당구대는 달랑 한 대였고 그나마 낡은 당구대였다. 게다가 4구가 아닌 포켓볼용이었다. 어딜 가나 최신식 장비를 갖춘 당구장이 있는 한국과는 영 달랐다. 아무렴 어떤가, 친구들과 재밌게 어울리기엔 그 낡은 당구대도 유용했다.

탁구는 중국을 대표하는 운동이면서 또 누구나 쉽게 즐기는 운동이니만큼, 항상 인기 만점이었다. 탁구대도 몇 대 없으니 한참을 기다려야 하는 경우도 많았다. 중국 하면 연상되는 운동 중 하나가 바로 탁구인 만큼 중국 대학에는 탁구를 즐기는 학생들이 참 많았다. 중국 친구들하고도 탁구 참 많이 쳤다. 가깝고 편리한 만큼 유학생 기숙사에서 주로 많이 쳤지만, 가끔은 중국 학생들 체육관에 가서 어울리는 경우도 있었다. 아무래도 그쪽이 규모도 더 컸고 시설도 좋았다. 다만 늘 시간 규정이 있어서 헛걸음을 한 경우도 많았다. 그냥 좀 쓰자고 우겨도 늘 그렇듯 중국에선 통하지 않았다.

수영과 사우나

상하이 집에서 자전거로 15분쯤 떨어진 거리에 제법 큰 사우나 시설이 하나 있었다. 사우나와 수영, 그리고 휴식과 안마 등을 한꺼번에 할 수 있는 곳이었다. 실용성을 중시하는 중국답게 한 번에 여러 가지를 할 수 있는 복합 시설인 셈이었다. 상하이는 습한 지역이다 보니 여름엔 더 덥고 겨울엔 더 춥게 느껴지는 곳이다. 특히 겨울 난방이 참 어려운 곳이어서 겨울엔 늘 웅크리고 지내던 기억이 난다. 그래서 그곳을 애용했는데 즐겁고 또 고마운 기억으로 남아 있다. 저렴한 가격에 뜨끈뜨끈한 사우나를 실컷 할 수 있었고, 사시사철 좋아하는 수영을 마음껏 할 수 있어 더없이 좋았다. 만약 상하이에 장기적으로 거주하게 된다면 수영을 꼭 추천한다.

내가 자주 다닌 그 수영장은 레인이 없어 더 자유로웠고, 사람이 많지 않아 마치 전용 수영장 같은 느낌도 들었다. 24시간이라 언제든지 편할 때 갈 수 있었고, 특히 밤 늦게 아무도 없는 넓은 수영장에서 혼자 수영을 하는 경우도 많았다.

티켓을 20~30장씩 사서 이용했는데 자주 가다보니 조금 할인된 가격으로 살 수 있었다. 그리고 직원들과도 친해졌는데, 특히 중간 관리자급 되는 젊은 여직원이 드라마 〈겨울연가〉 광팬이었다. 오며 가며 한국어 한마디씩을 가르쳐 주며 친해졌는데, 덕분에 수영장 쿠폰을 파격적으로 싸게 살 수 있었다. 비가 많고 습한 기후의 상하이에서 언제든 부담 없이 사우나와 수영장을 즐길 수 있어서 참으로 좋았다. 이후 여직원과도 좋은 친구가 되어 가끔 밖에서 함께 식사를 하기도 했다.

산보와 달리기

유학생활은 체력과의 싸움이기도 하다. 아직은 힘이 넘치는 30대 초반이었다고 해도 집 떠나 객지에서 혼자 생활하며 학위 과정을 하는 것은 체력적으로, 또 정신적으로도 녹록지 않은 일이었다. 희한하게도 아무리 챙겨먹는다고 먹어도 1년 만에 몸무게가 6~7키로씩 쭉쭉 빠졌다. 물론 2년차 3년차가 되어 상하이 생활에 완전 적응했을 때는 큰 변화 없이 유지할 수 있었지만 말이다. 아무튼 체력 유지를 위해서는 잘 먹는 것 외에 당연히 적당한 운동이 필요했다.

일단 자전거가 일상화되었으니 어느 정도 기본적인 운동은 꾸준히 했다고 본다. 그리고 일주일에 서너 번씩 수영과 사우나를 즐겼으니 그 또한 많은 도움이 됐을 것이다. 가끔 친구들, 동료들과 탁구나 당구, 농구와 테니스 등도 즐겼다. 그 외에 혼자서도 아무 때고 할 수 있는 것이 아마도 산보와 달리기였다.

사실 산보는 운동이라기보다 기분 전환과 소화시키기 정도의 역할이었을 것이다. 상하이는 워낙 인구가 많고 복잡하다보니 도로에 나오면 우선 정신이 없다. 사람들과 자동차와 자전거가 뒤엉키고 매연과 소음 때문에 몸도 마음도 쉽게 지친다.

이럴 때 찾는 곳이 공원 아니면 학교였다. 나무가 있고 물이 있고 무엇보다 조용하니 밖에서 학교로 들어가면 완전 딴 세상처럼 느껴진다. 3년 내내 학교 근처에 살았으니 아무 때고 교정을 슬슬 걸으며 기분 전환도 하고 이런저런 구경도 하는 산보 혹은 산책을 참 많이 했다.

이런저런 일로 머리가 복잡하거나 몸이 찌뿌둥할 때면 운동장 트랙을 돌고 돌았다. 중국 학생들 중에도 아침, 저녁으로 트랙을 뛰는 학생들이 많았다. 그들과 함께 숨이 턱밑까지 차오를 만큼 뛰고 나면 몸도 마음도 상쾌해졌다.

자전거 블루스

자전거 이야기도 좀 해야겠다. 알다시피 중국은 자전거 왕국으로 부를 만큼 자전거가 생활에 밀착되어 있다. 중국인들에게는 생활의 필수품인 것이다. 아이도 어른도 자전거를 타고 학교로, 직장으로 간다. 버스나 지하철 같은 대중교통수단도 얼마든지 있지만 중국인은 웬만한 거리는 자전거를 애용한다. 운동도 되고 기름 들 일도 없고, 또 걷는 것보다 훨씬 빠르니 말 그대로 일석 삼조다. 그러고 보니 인간이 발명한 교통수단 중에 자전거가 최고라는 말도 있지 않은가. 무엇보다 중국은, 좀 더 정확히 말해 중국의 동부는 언덕이 없이 끝없는 평지가 이어지니 자전거 타기에 참 좋은 조건이다.

3년간 2대의 자전거를 탔다. 중국에서는 자전거가 필수 교통수단이니 중국인들은 신고를 하고 번호판도 달고 했지만, 유학생들 중에 번호판을 다는 경우는 아마 거의 없었을 것이다. 어쨌든 그래서인지 자전거를 도난당하는 경우가 주위에 많았지만, 나는 다행히 도난당한 적 없이 잘 타고 다녔다. 중간에 펑크가 나고 체인이 망가진 경우가 여러 번이지만 길가 어디서든 자전거를 수리하는 아저씨들이 많아 별 문제가 없었다. 학교 인근은 물론 때로는 멀리 한두 시간씩 자전거를 달려 시내나 외곽으로 나간 적도 있었다. 그리고 마트에 갈 때도 항상 자전거를 가져가 앞뒤로 잔뜩 매달고 왔다. 정겨운 기억이다. 비가 많은 상하이, 비가 오면 우비를 입고 자전거를 탔다. 우비를 썼다 해도 바지는 다 젖기 마련이고 안경에도 빗물이 들어차지만 비를 맞으며 자전거를 타는 것도 시원하고 좋았다.

데이트 삼아 자전거 뒤에 여학생을 태우고 씽씽 달린 적도 있었다. 마치 영화 〈첨밀밀〉에서 여명이 장만옥을 태우고 달린 것처럼.

녹명서점

푸단대 근처 국권로에는 녹명(鹿鳴)서점이라는 작은 서점이 있다. 녹명이란 글자 그대로 '사슴이 운다'라는 의미이면서, 나아가 좋은 것이 있으면 함께 나눈다는 뜻을 나타낸다. 중국 고대 시가집 『시경(詩經)』에 나오는 구절인데, 주인의 문학적 감각을 엿볼 수 있는 이름이기도 하다. 이 작은 서점은 유학생활 3년간 가장 많이 드나든 서점이다. 아마 인문학 쪽으로 학위를 하는 푸단대 학생 대부분이 그랬을 것이다. 그 정도로 전공관련 필요한 서적들을 발 빠르게 갖춰놓은 서점이었다. 갈 때마다 이거다 싶은 책들을 발견하고 부랴부랴 사던 기억들, 자주이용하는 단골이 되면서 할인카드도 만들게 되었다.

더구나 개인적으로는 더욱 각별한 것이, 첫 학기 기숙사 생활을 마치고 학교 밖으로 이사 나온 첫 번째 집이 바로 녹명서점 뒤에 있었다. 그러니 매일 녹명을 지나쳤고 참새가 방앗간 들르듯 수시로 들락거렸던 것이다. 주인과 친해질 수밖에 없었다.

몇 년 전, 그러니까 상하이를 떠난 지 10년쯤 지나고 나서 녹명서점에 한번 들른 적이 있다. 이젠 머리가 허옇게 센 주인은 날 보더니 한눈에 알아보고는 반가워했다. 나 역시 가슴 뭉클하게 그가 반가웠다. 나오는 길에 간만에 전공 책 한권을 샀는데, 굳이 그럴 필요 없다 했지만 주인은 끝내 할인 가격을 받았다. 아마도 반가움의 표시였을 것이다. 거리도 풍경도 많이 바뀌었지만 예전 그대로 있는 녹명서점이 무척 반가웠다. 오래오래 그곳에 머물러주었으면 좋겠다.

상하이 센티멘털

녹명서점

누군가 그리운 날에는 상하이에 가야 한다

서점 순례

앞서 복주로 서점가 얘기도 하고 녹명서점 얘기도 했는데, 그 밖에도 내가 자주 가던 서점들이 많았다. 또 우리나라 대학과 다르게 중국 대학가 근처에는 크고 작은 서점이 정말 많다. 국권로에는 녹명서점 말고도 푸단대에서 직영하는 푸단대학 출판사 서점이 있었고 동문 근처에도 자잘한 서점들이 몇 군데 있었다. 조금 멀리 떨어진 번화가 오각장 인근에도 여러 서점들이 있었다. 지금은 다 대형 매장으로 바뀌었지만, 그 시절 오각장에는 다양한 종류의 작은 상점들, 특히 서점들이 참 많았다. 자전거를 타고 가서 한 시간이고 두 시간이고 서점을 순례하다 돌아오는 날들이 많았다.

푸단대 내부에도 물론 서점이 있다. 오며 가며 서점에 들러 책들을 훑어보던 기억이 많다. 논어, 사기 같은 고전부터 시작해서 언어학, 중국 문학 관련 서적, 그리고 소설과 잡지, 신문까지 분야와 종류도 다양했고, 그러다 보면 시간 가는 줄 모르고 한참을 서점에서 보낸 적도 많았다. 어느 서점에서 조금 더 할인을 해준다고 하면 자전거를 몰고 씽씽 달려 마치 보물찾기라도 하는 양 필요한 책을 뒤지던 날들, 조금 더 큰 서점을 찾아

버스를 타고 시내로 나가던 날들이 떠오른다. 동료가 어떤 책을 샀다고 하면 나도 가서 사고, 필요한 책들을 서점 주인에게 써서 주문하던 기억도 난다.

그렇게 3년간 사들인 책이 적지 않았다. 사실 다 읽지도 못하고 또한 꼭 필요한 책이 아닌 경우도 많았지만, 원 없이 책에 욕심을 부리던 날들이었다. 그렇게 상하이에서 배로 부친 책들이 큰 박스로 10박스가 넘었다.

동타이루 골동품 시장

세계 어디를 가나 오래된 물건, 즉 골동품을 파는 곳이 있는데, 그곳을 둘러보는 재미가 쏠쏠한 법이다. 과거와 현재를 가늠해볼 수 있는, 좋은 구경거리가 된다. 상하이의 대표적인 골동품 시장으로는 동타이루(東台路) 시장을 꼽을 수 있을 것 같다. 첨단의 대도시 상하이에서 이런 골동품 시장을 만나는 재미는 뭐랄까, 어릴 적 보물찾기 놀이할 때의 기분이랄까. 상하이 핫플레이스인 신천지에서도 멀지 않아 걸어서 갈 수 있는 거리다. 지하철을 이용할 경우에는 노서문(老西門) 역에서 내리면 금방이다.

거리 양 옆으로 가게들이 쭉 이어져 있는데, 명나라, 청나라 때 쓰던 물건부터 신중국 초기의 물건들, 잡화까지 정말 다양하고 많은 물건들이 쌓여 있다. 물론 골동품만 파는 게 아니라 새 물건도 판다. 똑같은 물건이지만 다른 일반 상점보다 좀 더 싸게 파는 것 같다. 흥정만 잘하면 재미 좀 볼 수 있을 것 같다.

유학 시절 종종 이 동타이루 시장에 갔다. 꼭 살 물건이 있어서라기보다는 그냥 구경 삼아, 기분 전환 삼아 둘러보고는 했다. 또한 내 경우에는 올드 상하이에 대해 관심이 많아서 그 시

동타이루 시장.

절 분위기를 느낄 수 있는 물건들을 보러 가는 경우가 많았다. 예컨대 그 시절 잡지나 영화배우들의 사진첩 같은 것들이 흥미로웠다. 나뿐만 아니라 많은 이들이 올드 상하이에 대한 노스탤지어를 느끼는 만큼 옛 상하이를 상징하는 물건들이 인기가 많다.

시장에는 골동품뿐 아니라 푸짐한 먹거리도 가득하다. 한참을 이것저것 구경하느라 허기가 지면 시장 곳곳에서 파는 먹거리들, 예컨대 만두나 꼬치 같은 것들로 배를 채우고 다시 여기저기 기웃거리면서 골동품들과 그 안에 담긴 이야기들을 뒤지고 나섰다.

소포와 편지

  아마 타국생활에서 빼놓을 수 없는 즐거움 중 하나는 한국에서 오는 소포나 편지를 받을 때일 것이다. 지금이야 언제고 이메일이나 각종 SNS로 실시간으로 이야기를 주고받을 수 있고, 전화 역시도 편리하게 할 수 있지만, 정성들여 쓴 손편지와 보낸 이의 관심이 듬뿍 담긴 소포를 받는 즐거움의 크기는 결코 줄어들지 않을 것이다.

  내가 유학하던 2000년대 초반, 한국과의 연락은 주로 이메일, 그리고 MSN메신저, 그리고 국제전화 전용카드를 사용한 전화였지만, 그에 못지않게 많은 이들과 편지도 활발하게 주고받았다. 발송에서 수신까지 일주일에서 보름쯤 걸리던 그때의 편지들을 나는 아직도 보관하고 있다. 가끔 꺼내 읽어보면 애틋하면서 뭉클하다. 가족, 친구들, 그리고 연인의 편지는 커다란 감동이면서 또한 격려였다.

  소포는 주로 어머니가 반찬거리 등을 보내주셨다. 집 편지함에서 소포가 왔으니 찾아가라는 고지서를 우편함에서 발견하고, 즐거운 마음에 자전거를 몰아 우체국으로 달려가던 상하이의 날들이 떠오른다. 아들의 객지생활을 걱정하시며 이것저것 정성들여 싸 보낸 음식들을 보고 울컥하던 마음도 생각난다. 가끔은 친구가 심심할 때 읽어보라고 한국에서 화제가 되고 있는 책을 보내주기도 했다. 참 따뜻하고 고마운 기억이다. 그런 책들은 특별히 더 아껴가며 재밌게 읽었다.

지금도 많은 청춘들이 세계 곳곳에서 청춘을 불사르며 학업에 매진하고 있을 것이다. 한편으로는 젊은 날의 해외유학이란 것이 아무나 누리지 못하는 특권을 누리고 있는 것이기도 하지만, 동시에 타지에서의 유학생활이란 게 그리 만만한 게 아니다. 모두들 건강하고 씩씩하게 생활하면서 자신의 목표를 이루기를 기원해본다.

방동, 집주인

상하이에 살면서 이사를 몇 번 했다. 처음에는 학교 기숙사를 이용했지만 곧 학교를 나와 근처에 세를 얻어 생활했다. 석박사 학위를 하는 유학생들은 대개 그렇게들 생활하는 경우가 많았다. 장기적으로 따져보면 비용도 기숙사보다 오히려 저렴했고, 또 조용히 논문을 쓰기 위해서는 복작거리는 기숙사보다는 조용한 환경이 필요했다. 대신 파출소에 가서 신고를 해야 하는 등 약간의 절차가 있었지만 다들 그렇게 살았다.

보증금을 얼마간 걸고 월세를 내는 식으로 살았다. 나 같은 경우엔 두어 달 간격으로 몰아서 냈다. 처음 살았던 곳은 5층이었다. 허름하긴 했지만 혼자서 살기엔 충분히 널찍한 집이었다. 가격이 저렴한 대신 가구나 전자제품은 없는 집이었다. 장판을 깔고 넓은 책상과 책장을 몇 개 사가지고 들어갔다. 커텐도 달고 이리저리 손을 보니 아늑하고 정겨운 나의 집이 되었다. 볕도 잘 드는 남향이었다.

중국어로 집주인을 방동(房董)이라고 한다. 그 집의 방동은 근처에 살지 않고 좀 멀리 살았다. 주인 아저씨는 원양어선을 타는 중년의 선원이었다. 그래서 3달에 한 번 만나 방값을 치르곤 했다. 대부분 아주머니가 와서 받아갔다. 방세를 낼 때마다 미리 전화를 해서 약속을 잡고 냈는데, 이사할 때 아주머니가 그렇게 날짜 어기지 않고 꼬박꼬박 미리 전화해서 방값을 내는 세입자는 내가 처음이었다는 말을 들었다.

두 번째로 이사간 집은 상하이 재경대 앞쪽에 있었다. 엘리베이터 없이 5층을 올라다니는 것에 지쳐서 이번엔 1층으로 잡았다. 본격적인 논문 집필을 앞두고 분위기 전환도 필요했다. 주인은 같은 건물 4층에 살았다. 내 집이 1층이었기 때문에 앞에 작은 마당이 있었다. 가끔 위층의 빨래 등이 마당에 떨어져 위층 사람들이 찾으러 오기도 했다. 마당 너머에는 이런저런 나무가 우거져 있어 계절이 지날 때마다 다른 분위기를 연출했다. 두 번째 이사간 그 집에서 딱 네 계절을 보내고 상하이를 떠났다.

이웃들

살면서 안면을 트고 지내는 이웃이 생겨났다. 먼저 같은 건물, 같은 층에 사는 옆집과 자연스레 알게 되었다. 옆집엔 중년부부와 고등학생쯤 되는 딸이 살았다. 5층이었고 엘리베이터는 없었다. 매일 부지런히 운동 삼아 오르내렸다. 옆집에 대해 기억에 남는 건 아주머니가 매번 상하이 말로 안부를 묻곤 했던 점이다. 상하이 말을 모르니 표준어로 말하자고 답했던 기억이 난다. 방학 때 한두 달 귀국할 때 옆집에 전기세, 수도세를 대신 내달라고 부탁하던 기억도 난다. 4층인가 3층인가에는 퇴직한 아저씨가 종종 노래방 기계로 노래를 부르곤 했다. 주로 아침 시간이었던 것 같은데 계단을 타고 내려가다 보면 문을 열어놓고 노래를 부르는 아저씨를 보게 된다. 요즘 같으면 층간소음이다 뭐다 해서 말들이 많을 텐데 그 시절 상하이에선 별로 그런 일이 없었다. 계단을 내려오다 노래하는 그 아저씨를 보게 되면 하오팅(好聽), 셰셰(謝謝) 하면서 서로 인사를 주고받곤 했다.

두 번째 이사갔던 집은 주인이 같은 건물에 살았기 때문에 친하게 지냈다. 이사간 그해 겨울엔 두꺼운 솜이불을 선물해주기도 했다. 남자 혼자 사는 게 안쓰러워 보였는지 모르겠다. 대여섯 살쯤 되던 귀염둥이 꼬맹이 딸도 기억에 난다.

　그리고 자주 가던 동네의 편의점, 식당, 서점, 과일가게 등등 다양한 사람들과 이웃이 되어 오며 가며 이야기를 나누고, 가끔은 같이 밥을 먹기도 하고 비번이거나 시간이 나면 가끔 집으로 놀러오기도 했다. 그러면 집에서 같이 영화를 보거나 간단히 맥주를 마시기도 했다.

동료들

함께 공부한 동료들, 친구들 이야기를 좀 해볼까 한다. 먼저 같은 중문과 박사과정으로 입학한 한국인 유학생이 10명 정도였는데 동기로서 유학 내내 친하게 지냈다. 수업도 같이 듣고 많은 것을 공유했고 서로 격려도 하며 끈끈하게 지냈다. 먼저 입학한 선배들, 그리고 후배들, 조금 더 확대해서 석사생들과도 교류했고 정기적으로 모임을 가졌다. 그 밖에도 중문학이 아닌 다른 전공으로 학위과정을 하는 한국 유학생들이 꽤 있었고 가끔 자리를 함께 했다. 같은 한국인이라는 점, 학위과정을 한다는 공통점이 있었기에 많은 것을 함께 나눌 수 있었던 것 같다.

중국인 동기들과도 물론 긴밀하게 지냈다. 나 같은 경우 같은 지도교수님 아래에서 학위를 밟던 중국 동기 3명이 있었다. 모두 여학생이었는데 유학 내내 많은 도움을 받았다. 특히 논문 막바지로 가면서 서로 격려하고 위로하면서 속 깊은 얘기들을 많이 나눴다. 지금도 그 시절이 많이 생각난다. 그 밖에도 같이 수업을 들었던 많은 중국 학생들, 특히 석사생들과도 친하게 지냈다. 우리도 마찬가지지만 어문계열인 만큼 여학생의 비율이 훨씬 많았고, 정말 똑 뿌러지게 똑똑하고 야무진 친구들이 많았다. 수업뿐 아니라 이런저런 학술 모임 등에도 함께 참석하면서 많은 것을 함께 나누었던 것 같다.

같은 기숙사에 살면서 친해진 몇몇 일본 유학생들과도 친하게 지냈다. 룸메이트는 1년 연수를 마치고 돌아갔지만, 본과를 다니거나 역시 학위과정을 하던 일본 친구들과는 유학 내내 교류하면서 지냈다. 졸업 후 각자 귀국해서도 가끔 연락을 주고받는다.

특히 상하이에서 동고동락했던 몇몇 한국 동료들과는 평생을 함께 갈 끈끈한 정이 쌓였다. 즐거움도 고민도 함께 나눴던 숱한 날들, 밤늦도록 이야기꽃을 피우던 시간들, 그 시간들이 쌓이고 쌓여 이른바 진하디 진한 상하이 형제애가 만들어졌다.

식당들

　중국 요리는 세계 3대 요리에 속한다. 그만큼 다양하고 풍성한 음식이 있는 곳이 바로 중국이다. 그런데 개인적인 경험에 근거해 말하자면 입맛이란 것이 생각보다 보수적이라 아무리 산해진미라도 낯설고 입에 잘 맞지 않으면 맛있게 먹기 힘든 것 또한 사실이다. 즉 돌이켜보면 생각만큼 중국 음식을 풍성하게 즐기진 못했던 것 같다. 그렇다면 나는 상하이에 살면서 세끼 밥은 어떻게 해결했던가.

　일단 아침은 간단히 만두와 딴빙 혹은 죽 정도로 해결했다. 집 근처엔 만두를 파는 곳이 여러 곳 있었고, 아침마다 노점을 차려 딴빙을 파는 이들도 여럿 있었다. 점심, 저녁의 경우는 그때그때 달랐는데, 학교 식당에서 먹는 경우도 많았고 자주 가는 식당들이 여러 곳 있었다. 또한 다니다 보면 입맛에 맞는 음식들이 발견되는 법, 그래도 새로운 중국 음식을 맛보려고 나름 다양한 시도도 했었다. 학교 주변이니 저렴하면서 간단히 먹을 수 있는 음식들이 참 많았다. 가령 볶음밥, 서너 가지 반찬으로 구성된 간단한 세트도 많이 먹었고 각종 덮밥류도 간단히 먹기에 좋았다. 앞서 언급했듯이 한국 식당도 애용했다. 대략 한 끼

란주라면을 즐겨 먹던 식당

는 중국식으로, 한 끼는 한국식으로 먹는 식이었다. 또한 점심
이든 저녁이든 국수를 먹는 경우도 많았다. 우육면 같은 진한
국물이 일품인 국수나 볶음면, 우리의 수제비와 비슷한 도삭면
등도 참 많이 먹었다.

학교 근처에는 일식 요리를 파는 가게도 꽤 있었다. 한국 유
학생 다음으로 많은 유학생이 일본인 유학생이었으니, 그럴 만
했을 것이다. 2~3일에 한 번꼴로 돈가스 덮밥이나 규동 같은 것
들도 배달시켜 먹었다.

물론 집에서 직접 요리해 먹는 경우도 많았다. 시장에 가서
이런저런 잔거리를 사다가 만들어 먹었고, 가끔은 진한 중국 친
구들이 집에 놀러와 이런저런 요리를 만들어주기도 했다.

양꼬치와 마라탕과 차오미엔

아마 상하이에 살면서 야식, 또는 간식으로 제일 많이 먹은 음식은 양꼬치와 마라탕, 차오미엔(볶음면)이었다. 양꼬치는 밥반찬으로 먹어도 좋고 술안주로도 그만이었다. 저렴하고 맛있는 양꼬치는 누구나 좋아해서 항상 줄서서 먹어야 할 만큼 인기였다. 더운 여름날 거리에서 양꼬치를 잔뜩 쌓아놓고 부채질해가며 양꼬치를 익히는 풍경은 언제 봐도 정겹다. 빨리 익기를 바라며 기다리는 사람들의 모습도 재미있다. 한국의 한 코미디 프로그램에서도 언급된 것처럼, 양꼬치는 맥주, 특히 칭다오 맥주와 함께 먹으면 더욱 맛이 난다.

마라탕 또한 빼놓을 수 없는 음식이다. 말하자면 즉석 샤브샤브라고 할 수 있는 음식이다. 야채며 어묵, 국수 등을 골라 펄펄 끓는 매콤한 육수에 데쳐서 먹는 그 맛, 그래서 먹어본 이들은 그 맛에 금방 중독된다. 고급식당에 가서 비싼 음식을 잔뜩 먹어도 또 생각나는 음식이 바로 마라탕이다. 밤에 출출해지면 슬슬 동네 마라탕집에 가서 한 그릇 해치우고 오던 숱한 밤들이 생생하다.

차오미엔은 말 그대로 볶음면인데, 역시 야식으로 자주 먹던 음식이다. 밤이 되면 거리 여기저기에 포장마차가 서는데, 차오미엔 역시 인기 야식이었다. 주문과 동시에 만드니 식성에 맞게 이것저것 주문할 수도 있었다. 소금은 좀 덜 넣고 야채는 더 많이 넣어달라는 식으로 말이다. 매일 손쉽게 사먹을 수 있는 게 차오미엔이었는데 가끔은 포장마차가 보이지 않아 자전거를 타고 다른 동네로 찾아가던 기억도 난다.

양꼬치

쟁반 막국수

이제 상하이에서 식당을 운영한 이야기를 좀 해야겠다. 박사 유학 공부 중에 웬 식당을 했다는 말인가 싶을 것이다. 사실 전혀 계획에도 없던 일이었고 즉흥적으로 행한 일이었지만, 돌이켜 생각해보면 3년의 유학생활 중 빠뜨릴 수 없는 즐겁고 스펙터클한 경험이었다.

발단은 이러했다. 40도에 육박하는 무더운 여름날, 입맛이 자꾸 떨어지던 어느 날이었다. 더운 날씨니 인근 한국 식당에서 냉면을 참 많이 먹었는데 그날따라 매콤한 막국수가 먹고 싶었다. 그러나 막국수를 파는 식당은 어디에도 없었고 막국수를 먹고 싶다고 귀국을 할 수도 없는 처지였으니, 아쉬운 대로 만들어 먹기로 했다. 친한 후배와 의기투합하여 장을 보고 인터넷을 뒤져 맛있는 춘천막국수를 완성해 먹었던 것이다. 그날 점심 만들어 먹은 막국수는 생각 이상으로 맛있었고, 그리하여 다음날, 그 다음날까지 몇 끼를 더 만들어 먹었다. 이번에는 동료들을 불러 대접했다. 모두들 대만족 하는 맛이었다.

자, 그렇다면 우리처럼 더운 여름 입맛을 잃고 힘들어 하는 학생들을 위해, 그리고 유학 생활비라도 벌어봐야겠다는 생각이 들었고, 행동하는 지식인이 되자며 그 후배와 함께 판을 벌이게 된 것이다. 먼저 학교 근처 교통이 좋은 곳에 집을 하나 세를 냈다. 그리고 솜씨 좋은 조선족 주방장을 구했다. 그런 뒤에 재료를 사다가 최상의 맛을 내기 위해 연구했다. 맛에 대해 어느 정도 확신이 선 뒤에는 배달을 할 친구들을 모집했다. 그리고는 여러 경로를 통해 광고를 했다. 반응은 폭발적이었다. 주 고객은 물론 한국 유학생들이었다. 간혹 한국 음식이 궁금한 중국 학생들이 주문을 하는 경우도 있었고, 다양한 국적의 외국 유학생들도 종종 주문을 했다. 다른 식당들과 차별되는 몇 가지 원칙을 세워 운영했다. 가령 배달만 전문으로 한다, 단 한 그릇을 주문해도 간다. 그리고 새벽까지 운영하는 등 차별화를 시도했다.

10개월 정도 운영을 했는데, 예상치 못한 문제들도 많았다. 예컨대 배달원이 외상값을 받아 그대로 도망간 적도 있었고, 새벽에 어두운 길을 자전거로 달리다 다친 경우도 있었다. 수상한 일을 하는 것 같다는 주변의 신고로 경찰이 들이닥친 적도 있었다. 그래도 돌이켜보면 색다른 경험이었고 배운 점도 많았다. 주방장, 배달원 등과 정도 많이 들었고, 그들과 함께 나눈 추억도 많았다. 본격적인 논문 집필이 시작되고 바빠지면서 자연스럽게 정리하게 되었는데, 막국수 다시 안 파냐는 문의를 많이 받았다.

한국행 화물선

한국에서 상하이를 오가는 여객선은 없지만 화물선이 있다. 급하지 않은 큰 짐을 부치려면 화물선을 이용하는 것이 좋다. 기간은 대략 한 달 정도가 소요되는 것 같다. 상하이 생활 3년, 졸업 때가 되니 이런저런 짐이 적지 않았다. 우선은 책이 가장 많았고, 옷가지 등이 그 다음으로 많았다. 그 외에 버릴 수 없는 이런저런 작은 짐 등이 있었다. 세탁기, 냉장고, 텔레비전, 컴퓨터, 책상, 책장 등등의 가전제품과 가구, 자전거 등은 필요한 친구들, 후배들에게 다 나눠주었다. 가령 컴퓨터는 중국 석사생 후배에게, 자전거는 주인집 아주머니에게, 텔레비전은 한국인 후배에게 주었는데, 각자 필요한 물건이었으니 아마 그들에게는 작은 선물들이 되었을 것 같다.

자, 한국에 보낼 짐들은 귀국 한달쯤 전에 화물회사에 연락하여 박스에 담아 화물선으로 부쳤다. 큰 종이상자로 15박스쯤 됐던 것 같다. 비용도 저렴했던 것으로 기억한다. 역시나 책이 대부분이었다. 같이 공부했던 동료 중에는 책만 20박스 넘게 부친 이도 있었다. 귀국해서도 한참 지나 인천 항구에서 짐을 찾아가라는 연락이 왔다. 짐을 어떻게 옮길 것인가. 개인용 차로는 어림없는 양이었으니, 부둣가의 작은 트럭을 빌려 집까지 날랐다. 그걸 다시 집 안으로 옮기는 일도 만만찮은 일이었다.

인천부두로 짐을 찾으러 가는 길, 묘한 기분이 들었는데, 마치 상하이가 나에게 보내준 선물 같은 느낌이 들었다.

베이징에서 상하이까지

　몇 년 전 겨울방학, 가르치던 학생들 몇몇이랑 중국 배낭여행을 다녀왔다. 책과 강의실에서만 접했을 중국을 제대로 보여주마라며 중국의 여러 지역을 횡단했다. 먼저 산동과 하북성 일대를 대략 둘러본 후 수도 베이징에 입성했다. 학생들은 책에서만 보던 만리장성, 이화원, 자금성, 천단공원 등을 보며 감탄을 연발했다. 말 그대로 스케일에 압도되는 경험을 했을 것이다. 마지막 목적지는 당연히 상하이로 잡았다. 베이징에서 상하이까지 쾌속으로 4시간 걸렸다. 20시간 걸리던 예전 노선을 4시간으로 단축시켰다. 감개무량, 감탄이 나오는 변화였다. 베이징의 차디찬 바람 속에서 기차에 올랐는데, 4시간 뒤에 도착한 상하이의 바람은 이른 봄을 느낄 수 있을 만큼 포근했다.

　학생들은 베이징이나 산동과는 확연히 다른 남쪽 도시 상하이의 정취를 신기해했다. 내가 상하이에 처음 왔을 때 그렇게 느꼈던 것처럼. 5일 정도를 상하이에 머무르면서 학생들에게 상하이 구석구석을 안내했고, 상하이의 여러 친구들이 고맙게도 시간을 내서 우리 일행을 여러 번 대접해 주었다. 와이탄과 남경로, 신천지, 복주로, 임시정부 유적지, 루자쭈이, 예원 등등과 푸단대 주변을 돌아보면서 나도 옛 추억을 다시 되새겨 보았다.

　매년 혹은 적어도 1, 2년에 한 번씩 상하이를 찾게 되는데, 예전 유학 시절과는 다른 느낌으로 상하이와 만난다. 예전에는 별 관심을 두지 않았던 것들이 새로 다가오기도 한다. 세월은 빠르게 흘러가는데, 그 흐르는 시간에 따라 상하이도 변하고 나도 변해가는 것 같다.

삼림공원 뱃놀이

중국은 어느 곳이나 공원문화가 잘되어 있다. 복잡한 도심 한 가운데에도 조용하고 평화로운 공원을 쉽게 발견할 수 있다. 커다란 나무들과 호수, 연못이 어우러지면서 편안함을 느낄 수 있다. 그렇다 보니 동네 주민들, 특히나 노인 분들이 한가로이 시간을 보내는 풍경도 쉽게 볼 수 있다.

상하이에도 여러 공원들이 있고 집 근처에도 자주 가던 공원이 몇 개 있었다. 그중에서 삼림공원이 특히 좋았다. 조경도 잘되어 있었고 제법 넓어서 자연 속에 있는 느낌이 가득했으며, 무엇보다 넓은 호수가 인상적이었다. 위치가 조금 외진 곳에 있어 상대적으로 사람들이 적다는 것도 특징이다. 자전거를 타고 가기엔 조금 먼 거리라 버스를 타거나 택시를 타고 갔다.

호수가 있으니 뱃놀이가 빠질 수 없다. 오리배도 있고 모터배도 있었을 텐데, 내 기억엔 직접 노를 젓는 배를 타고 놀던 기억이 생생하다. 지금 생각해보면 한편으로는 제법 낭만적인 풍경이었던 것도 같다. 볕이 좋은 봄날, 그리고 서서히 단풍이 지기 시작하던 가을 날, 호수에서 뱃놀이를 했던 그 시간들이 말이다. 보통 두 명이서 탔을 텐데, 아무래도 남자 동료보다는 데이트 삼아 여학생들과 뱃놀이를 즐겼을 것이다. 아무도 방해하지 않는 물 위의 배에서 무슨 말들을 주고받았던가. 그것까지는 기억이 안 나지만, 즐거운 시간들이었다. 한국에서도 가끔 그런 느긋한 시간을 보내보고 싶은데, 그런 장소도, 시간도 찾기 힘들다.

쑨원의 흔적

쑨원의 옛집

현대 중국의 아버지, 이른바 국부로 불리며 대륙, 대만 모두
에서 존경을 받는 인물이 쑨원(孫文)이다. 남경에 있는 그의 묘
지인 중산릉은 역대 어느 황제의 능보다 크고 화려한데, 그의
존재감이 느껴지는 부분이기도 하다. 대만 타이베이에 있는 그
의 기념관, 즉 국부기념관은 또 어떤가.

상하이에는 쑨원이 말년을 살았던 고택이 있다. 회해중로에
위치하고 있으며, 신천지, 대한민국 임시정부 유적지에서 멀지

않다. 3층 양옥으로 지어진 고택은 당시 쑨원을 지지하던 화교 자본가가 그를 위해 건축물을 기증했다고 한다. 2500년간 지속된 황제 중심의 봉건제를 무너뜨린 혁명가, 신중국을 열어젖힌 그의 파란만장한 삶과 업적은 많은 이들에게 큰 감명을 주고 있다.

고택은 두 개의 양옥으로 이루어져 있는데, 하나는 그의 업적을 기리는 기념관이고, 다른 하나의 건물에는 그가 살던 집 내부와 물건들이 고스란히 보존되어 있다. 고요하고 단아하게 잘 손질된 내부 정원을 바라보고 있으면 시간이 아득하게 느껴진다. 쑨원이 그곳에서 동지들과 혁명을 논의하고 나라의 앞날을 계획했을 것이다. 그리고 그의 부인인 송경령과 일상의 여러 부분을 함께 했을 것이다.

가끔 임시정부에 가거나 근처에 갈 일이 있으면 겸사겸사 들리곤 했다. 그의 동상을 바라보고 있으면 혁명, 근대, 삼민주의와 같은 단어들이 떠올랐고, 뭔가 가슴 속에서 뜨거운 것이 올라오는 기분을 느꼈다.

상하이 전영낙원

영화를 무지무지 좋아하는 나는 상하이에서 영화적 분위기를 마음껏 느끼며 살았다. 특히 화려했던 올드 상하이, 즉 1930~40년대 상하이를 상상하면서 와이탄과 남경로를 누비고 다녔다. 그만큼 올드 상하이는 사람들에게 강렬한 기억이었고 영화나 드라마의 단골 소재였다.

상하이 외곽에 위치한 대규모 영화 세트장인 상하이 전영낙원은 영화를 좋아하는 이라면 꼭 방문해볼 만하다. 참고로 중국어로 영화를 전영(電影)이라고 한다. 세트장은 1930~40년대 상하이의 시내 풍경을 거의 완벽하게 재현해놓고 있어서 마치 과거로의 시간여행을 하는 기분을 느낀다. 수많은 중국 영화가 촬영되었고, 〈암살〉, 〈밀정〉, 〈아나키스트〉 같은 우리 영화들도 그곳에서 촬영을 했을 것이다.

유학 2년차 되던 초여름, 친구와 함께 물어물어 찾아갔다. 지하철과 버스를 갈아타고 두 시간 정도를 갔으니 한참 외곽에 위치하고 있는 셈이다. 남경로를 옮겨놓은 듯한 정교함에 감탄이 나왔다. 관람객은 그리 많지 않았지만 영화를 좋아하는지 다들 열심히 사진을 찍는 모습이었다. 친구와 천천히 둘러보고 나오

상하이 전영낙원

는 길에 한쪽에서 드라마 촬영팀을 만났다. 잠깐 보고 가려고 다가가보니 낯익은 중국배우들이 보였다. 〈무간도〉, 〈타락천사〉에 나온 톱배우 호군과 이가흔이었다. 게다가 촬영을 지휘하는 감독은 홍콩 아트무비의 자존심 관금붕이었다. 오호, 그냥 지나칠 수가 없었다. 촬영이 끝난 뒤 그들에게 다가갔다. 감독도 배우도 호의적으로 대해주었고, 잠깐이었지만 영화에 대해 이런저런 얘기를 나눌 수 있었다.

그때 그 세트장에서 그런 생각을 했던 것 같다. 나중에 꼭 다시 와서 그 시절 상하이를 배경으로 영화를 한 편 찍어보고 싶다는 생각.

장국영

　해마다 4월이 되면 어김없이 떠오르는 사람이 있다. 2003년 만우절, 바람처럼 떠나 전설이 된 스타 장국영이다. 그가 세상을 떠나고 벌써 많은 시간이 흘렀다. 1956년생이니 살아있다면 이제 막 60을 넘긴 나이일 테고, 아마도 중화권의 대표적인 꽃중년으로 명성을 날리고 있었을 것이다. 그러나 그는 우리 곁을 떠났고, 전설이 되었으며, 많은 이들의 가슴에 박혔다. 올해도 4월 1일이 되면 세계 각지에서 수많은 팬들이 그를 추모할 것이다. 왜 아직도 그렇게 많은 사람들이 아직도 그를 잊지 못하고 그를 기리는 것인가. 그는 어떻게 전설이 된 것인가.

　거기에 대한 나름의 답을 생각해 보았다. 우선 장국영의 마지막이 너무나 갑작스럽고 비현실적이란 점을 들 수 있을 것이다. 마치 한바탕의 거짓말 같은 비현실감, 그리하여 마치 지금도 어딘가에 살아 있을 것 같은 신비한 인상이 사람들의 마음에 여전히 남아 있는 것 같다. 또 다른 답은 역시, 생전 그가 남긴 주옥같은 영화와 노래들에서 찾아야 할 것 같다. 아무도 흉내낼 수 없는, 장국영만의 어떤 것들이 너무나 강렬하여 변함없이 사람들의 마음을 움직이고, 더욱 그를 그립게 만드는 것 같다.

많은 이들이 기억하고 있다. 마치 고생이라고는 모를 것 같은, 부잣집 막내아들 같은 귀공자 스타일의 빼어난 외모, 우수에 찬 눈빛, 특유의 상처받은 자의 쓸쓸함과 불안함, 섬세하면서도 날카로운 연기, 어디에도 얽매이지 않는 자유로움, 그럼에도 어딘지 모르게 보호본능을 일으키는 이미지…. 그렇게 장국영은 본인만의 독보적인 이미지와 연기와 노래로 한 시대를 풍미한 스타였다.

지금 와서 다시 추억해보면, 나에게 장국영은 두 개의 다소 상반된 이미지로 기억된다. 하나는 병적일 만큼 완벽함을 추구했던, 완벽주의자의 모습이고, 또 다른 하나는 그 어떤 것에도 구속되거나 책임지고 싶어하지 않는, 자유로운 (혹은 순수한) 영혼이다. 전자는 장국영 특유의 메소드 연기, 그리고 콘서트 등에서 관객과 만날 때 항상 날을 세워 최고, 최상의 모습을 보이려고 한 점에서 찾을 수 있다. 가령 〈패왕별희〉, 〈해피투게더〉 등의 영화는 주인공과 장국영을 따로 떼어낼 수 없을 만큼 밀착되어 있다. 다시 말해 장국영이 아니었으면 존재할 수 없던 영화들이었다. 후자, 즉 구속되지 않고 또 상처받지 않으려는 자유로운 영혼은 예컨대 〈동사서독〉, 〈아비정전〉과 같은 영화에 잘 드러나 있다. 또한 장국영의 노래에 특히나 바람이 많이 등장한다는 점도 한 예가 되지 않을까 싶다.

장국영이 세상을 떠나던 2003년 봄, 중국은 전대미문의 괴질 사스(SARS)로 어수선했다. 확인되지 않은 괴소문이 퍼지며 온 중국에는 공포 분위기가 조성됐고, 이에 중국에 있던 외국인들은 서둘러 중국을 빠져나가고 있었다. 그런 분위기 속에서 장국영의 자살 소식은 큰 충격을 던졌고, 설상가상 식으로 중국사회의 분위기는 더욱 침통하고 심란해졌다. 당시 상하이에서 유학을 하던 나에게도 장국영의 죽음은 큰 충격이었다. 슬프다기보다는 허무했고, 이해가 되지 않았다. '왜, 도대체 왜' 하는 질문이 앞섰다. 안 그래도 어수선하고 심란했던 시절이었는데 그의 죽음은 그런 정서에 기름을 붓는 격이었다. 그리하여 나는 장국영을 핑계 삼아 한동안 학교고 논문이고 다 팽개치고 될 대로 되라는 식으로 하루하루를 때우며 보내다시피 했다. 물론 나의 그런 행동에는 그 얼마 전 깨진 연애도 한몫을 하고 있었다. 요컨대 2003년 봄은 이래저래 괴롭고 힘든 시절이었다.

2003년 중국 상하이에서 30대를 막 시작하던 나는 이제 40대 중반의 아저씨가 되었다. 많은 것을 떠나보낸 중년의 쓸쓸함에 대해 조금 알게 되는 것도 같다. 그 시절 장국영의 떠남이 잘 이해되지 않고 그저 허무하고 당혹스러웠던 나는, 이제 당시의 장국영과 비슷한 나이가 되었다. 그러자 뭐랄까 이런저런 이유를 들지 않아도 조금은 더 그를 이해하게 되는 것도 같다. 그저 그가 그립다.

모간산루 예술거리

상하이 모간산루(莫干山路)는 예술거리로 유명세를 타고 있다. 상하이 기차역에서 멀지 않은 곳에 위치하고 있으며, 중국 내 최대 순수 예술단지라는 명성을 얻고 있다. 이곳은 예전 공장지대였던 곳으로 90년대 초반까지만 해도 방직공장 등이 운영되던 곳이었는데, 이후 폐허가 된 이 지역에 독립 아티스트들이 들어와 예술활동을 벌이면서 점차 알려지게 되었다. 상업성보다는 순수예술을 지향한다는 특징이 있다. 2004년 상하이시는 이곳을 예술 산업지구로 선정했고, 모간산루 50호라는 이름을 붙였다. 지금은 중국 전역에서 몰려든 예술가뿐 아니라 세계 각국에서 온 다양한 예술가들이 이곳을 배경으로 활발히 활동하고 있다.

미로처럼 복잡하게 얽혀 있는 여러 거리들과 골목 곳곳에서 다양한 초대전과 이벤트가 자주 열리는데, 대부분 무료다. 개성적인 분위기의 공방과 갤러리가 수없이 많은데, 옛 공장지대, 창고들을 개조해 만든 곳도 많다. 그리하여 이 모간산루를 걷나보면 이색적인 풍경과 분위기를 만나게 되는 재미가 있다.

사실 내가 유학하던 2000년대 초반만 해도 모간산루가 그렇

모간산루

게 핫하지 않았다. 그래서 자주 다니던 기차역 부근에 그런 대
규모 예술단지가 있는 줄 몰랐다. 나 역시 졸업하고 상하이를
떠나고도 한참이 지난 후에야 모간산루를 제대로 돌아볼 수 있
었다. 돌아보니, 모간산루는 상하이를 색다르게 채색해주는 또
하나의 멋진 공간이었다. 그곳에서 20세기 초 아시아의 문화수
도로 군림하던 올드 상하이의 명성을 잇는, 멋진 작품들이 많이
탄생되길 기원해본다.

안마

중국은 안마가 생활화되어 있다. 그래서 거리마다 한 집 건너 안마를 해주는 가게가 늘 성업 중이다. 개인마다 선호도 차이는 있겠지만, 일단 안마의 장점을 알게 되면 계속해서 받게 되는 중독성이 있는 것 같다. 특히 싸늘한 겨울, 계속 웅크리고 지내다보니 여기저기 근육이 뭉치고 아픈데, 그럴 때 받는 안마는 최고다. 규모와 숙련도 등에 따라 비용도 차이가 크지만, 나는 동네 단골 안마소에서 저렴하게 이용했다. 대개 한 시간에 20~30위안, 우리 돈 5천원 안팎이었다. 가족이나 친구가 찾아오는 경우에는 조금 더 크고 전문적인 안마소를 찾곤 했는데, 열이면 열 모두 안마의 시원함을 좋아했던 것 같다. 중국은 워낙 안마가 대중화되다 보니 전문적인 브랜드를 걸고 하는 체인점도 많다. 아마 안마로 먹고사는 인구가 엄청날 것이다.

안마를 좋아하는 한 사람으로 생각해볼 때, 안마는 생활 속 건강을 유지하는데 많은 도움이 되는 것 같다. 최근에는 우리 한국에도 안마가 널리 보급되는 것 같고 더불어 안마에 대한 인식도 좀 날라지는 것도 같다. 덩달아 각종 안마기기도 많이 판매되는 것 같다. 기본적으로 안마는 피로를 풀고 혈액순환에도 좋은 것 같다. 전신 안마가 부담스러우면 발 안마, 어깨 안마, 종아리 안마 정도만 받아도 좋을 것이다. 요즘도 이런저런 목적으로 중국에 가게 되면 꼭 빠지지 않고 안마를 받는다. 하루 종일 걷고 매고 다니느라 무거워진 몸을 안마에 맡기면 그 피로가 싹 풀린다.

유학 시절 상하이 여러 곳의 안마소를 이용했지만 단골은 역시 동네 어귀의 가게였다. 오며 가며 부담 없이 안마를 받기에 안성맞춤이었다. 대개 그런 곳은 미용과 안마를 겸하는 곳이었고, 안마를 전담하는 몇 명의 아가씨들이 있었다. 주로 지방에서 상하이로 돈을 벌러 온 경우가 많았다. 자주 다니다 보니 안면도 트게 되고 이런저런 얘기도 나누면서 친하게 지냈다. 같은 동네에 사니 이웃 주민도 되는 셈이었다.

그때 친하게 지냈던 갓 스물이 된 한 아가씨, 혹은 소녀가 기억난다. 그 친구도 멀리 지방에서 상하이로 돈을 벌러 온 케이스였고 그 가게에서 숙식을 했다. 앳되지만 야무진 친구였다. 더 안정되고 좋은 직장을 얻어 상하이에서 보란 듯이 살고 싶다는 말을 했다. 안마도 꼼꼼하게 잘해주었다. 안마를 받고 있으면 안마 외에도 피부 관리를 가끔 권하고는 했는데, 그 친구 수입에 조금이나마 도움이 될까 싶어 기꺼이 받고는 했다. 상하이에서의 모든 과정이 끝나고 귀국하게 됐을 때, 인사를 건네며 나중에 꼭 다시 만나자며 연락처를 건네던 그 소녀, 가끔은 그 소녀가 궁금하다. 본인의 바람처럼 상하이에서 돈 많이 벌고 잘살고 있기를 기원해본다.

신강 국숫집

동네에서 내가 자주 가던 단골 음식점 중에 한 국숫집이 있었다. 중국 곳곳에서 성업 중인 신강 국숫집 중 하나였다. 밀가루가 좋기로 유명한 신강 위구르 지역, 그쪽에 사는 소수민족인 위구르족이 중국 곳곳에 진출해 성공시킨 맛좋은 국숫집이다. 그들은 한족과 외모가 다르고 이슬람교를 믿는 소수민족이다. 돼지고기를 먹지 않으니 양고기, 쇠고기를 사용하여 육수를 내고 요리한다.

진한 국물에 말아주는 뜨끈한 우육면, 그리고 중국식 스파게티라 할 만한 토마토가 들어간 볶음면 등을 중국에 있는 내내 즐겨 먹었다. 직접 반죽을 해서 면을 뽑았고, 쫄깃한 면발과 좋은 식감으로 중국인들은 물론이고 외국인들도 그들이 파는 국수를 좋아했다.

학교 인근에 그러한 신강 국수집이 서너군 데나 있었다. 그중에서 집에서 가장 가까운 국숫집을 자주 다녔다. 아마도 가족, 친지 단위로 가게를 운영했던 것 같은데, 그 가게에 10대 후반쯤 되는 소년이 있었다. 자주 다니다 보니 안부도 물어보며 친해지게 되었다. 그래서 시간 나면 우리 집에도 놀러오라고 했는데, 그 말을 기억하고 있다가 진짜 집을 찾아왔다. 당시 나는 DVD를 쌓아놓고 영화를 즐겨 보곤 했는데, 그 소년도 영화를 무척 좋아했고 특히나 한국영화를 신기해했다.

〈취화선〉, 〈살인의 추억〉 같은 영화를 같이 봤던 것 같은데, 이후로 한국에 대해 관심을 가지기 시작했고 볼 때마다 한국에 대해 이것저것 묻곤 했다.

사우나 소년

　수영과 사우나를 겸해 자주 가던 동네 사우나에는 직원이 참 많았다. 중국이 인구가 많아서 그랬을 텐데, 요컨대 업무가 잘게 나눠져 있었다. 가령 신발만 관리하는 직원, 손님이 수영이나 사우나를 하고 나오면 기다리고 있다가 수건으로 몸을 닦아주는 직원도 있었다. 다른 이가 내 몸의 물기를 닦아주는 일이 처음엔 좀 어색하기도 했지만 그들은 그게 업무이다 보니 어김없이 다가와 몸의 물기를 닦아주었다. 자주 가서 한두 마디씩 대화를 나누다보니 조금씩 친해지게 되었다. 안마하는 아가씨들이 그렇듯 이 소년들도 지방에서 상하이로 와서 일하는 경우가 많았다. 월급은 얼마 되지 않았을 것이다. 대신 사우나에서 숙식이 가능했을 것이고 어렵지 않은 단순한 일이었으니 당분간 있으면서 다음을 계획하는 친구들이 많았다.

　말없이 자기 맡은 일을 하는 직원이 많았지만 간혹 밝고 싹싹한 친구들이 있었다. 그 소년도 그랬다. 몸을 닦아주면서 오늘은 어땠냐 안부를 묻기도 하고 한국에 대해 이것저것 묻기도 하면서 반가운 체를 했다. 나도 그런 소년이 귀여웠고 그래서 가끔씩 팁을 주기도 했고 말동무 삼아 이런저런 대화를 나누기도 했다.

　그도 하고 싶은 것이 많은 청춘이었을 것이다. 대도시 상하이
에 왔으니 여기저기 가서 놀고도 싶었을 것이다. 그러나 물가
는 비싸고 벌이는 마땅치 않고 상하이에 아는 사람도 없으니 힘
들고 외롭기도 했을 것이다. 그래서 몇 번인가 비번으로 쉬는
날, 그 소년을 데리고 인근 식당에 가서 밥을 사준 기억이 난다.
환하게 웃던 그 소년의 얼굴이 떠오른다.

까르푸와 이마트

대도시 상하이답게 상하이 곳곳에는 대형마트가 즐비하다. 세계 최대의 소비국, 그 안에서도 경제의 중심지 상하이인 만큼 각국의 대표 쇼핑업체들이 상하이에서 치열한 경쟁을 벌인다. 유학 시절 나는 여러 대형마트 중에서 프랑스의 까르푸, 홍콩의 알티마트, 우리 한국의 이마트를 이용했다. 까르푸와 알티마트는 살던 집 근처에 있어서 자전거로 쉽게 갈 거리였고, 이마트는 조금 멀리 떨어져 있어서 버스나 택시를 타고 다녔다.

혼자 사는 단출한 살림이니 살 것도 많지 않았지만, 그냥 기분 전환 삼아서도 가끔 갔던 것 같다. 유학 초반에는 그래도 이것저것 살림을 장만한다고 쑤시고 다녔다. 예를 들어 바닥에 깔 카페트며 창문에 매달 커튼, 밥 해먹을 그릇, 그 밖에 선풍기, 온풍기 등등을 잔뜩 사서 자전거에 실고 온 기억이 난다. 방학 때 잠깐 귀국할 때 가족들에게 줄 선물을 사러 갔던 일도 생각나고, 명절 때 지도교수님과 중국 동기들에게 선물을 한다며 월병이며 차 등등을 사러 가던 일도 기억난다.

지금은 수많은 한국 기업체가 중국에서 활동하지만 2000년대 초반만 해도 중국에 진출한 한국 업체는 그리 많지 않았다.

그중 이마트는 성공적으로 중국에 안착한 몇 안되는 한국 업체였다. 외국에 살다보면 한국에서와는 좀 다르게 애국심이 더 생겨나는 법, 위치가 가장 멀긴 했지만 우리 기업을 돕는다는 차원에서 이마트를 가장 많이 갔던 것 같다.

국권로 동네 시장

공부하는 유학생이지만 생활을 영위하기 위해서는 이것저것 할 게 많았다. 가령 때가 되면 방세도 내야 하고 전기세며 물세 등 공과금을 내야 했으며, 때맞춰 비자도 갱신해야 했다. 며칠 걸러 빨래도 해야 하고 매일은 아니라도 먹고살기 위해 요리도 해야 했다. 먹거리를 사러, 혹은 이런저런 생활에 필요한 용품을 사기 위해 마트며 시장을 가야 했다. 앞서 대형마트를 잠깐 언급했지만 아무래도 일상적으로 더 자주 가게 되는 곳은 집 근처의 시장이었다. 내가 살던 국권로(國權路)에도 작지 않은 재래시장이 있었다.

중국이나 우리나 탕문화가 있다 보니 밥을 먹으면 으레 국이나 찌개가 있어야 뭔가 제대로 먹은 거 같다. 국거리 찌개거리를 위해 시장을 찾아가 배추, 감자, 호박 등등의 야채을 주로 많이 샀고, 가끔 고기가 땡기면 삼겹살이나 갈비를 사러 시장에 갔다. 중국은 과일의 종류도 많고 저렴하다. 자전거로 오며 가며 먹고 싶은 과일들을 참 많이도 사다 먹었다. 방학이 되어 귀국할 때면 시장에 가서 들기름, 참기름을 짜서 그것을 들고 비행기에 오르기도 했다.

그렇게 3년간 동네 시장을 다니다보니 단골집이 생겼다. 조금 더 챙겨주기도 하고 더 저렴하게도 주고 했던 것 같다. 가령 단골 과일가게 아저씨는 매번 금액보다 더 많은 과일을 이것저것 챙겨서 주었다. 서로 안부를 묻기도 하면서 친구처럼 지냈다. 고마운 기억들이다.

황푸강 유람선

한강과 서울을 즐기는 색다른 방법 중 하나가 유람선을 타는 것일 텐데, 마찬가지로 상하이에 왔다면 한번쯤 황푸강을 오르내리는 유람선을 타봐야 한다. 와이탄에 서서 보는 것과는 또 다르게 상하이의 전경을 마주할 수 있을 것이다. 게다가 와이탄 일대를 지나 상하이 최초의 공업단지인 부흥도까지 왕복 60킬로미터의 여정으로 색다른 볼거리를 구경할 수 있다. 낮은 낮대로 좋고, 밤은 또 화려한 야경을 보는 맛이 일품이다.

상하이에서 살게 되었을 때 그저 막연하게 바다를 자주 볼 수 있겠다고 생각했는데 전혀 그렇지 않았다. 시내 쪽에서 가려면 아마 몇 시간을 달려야 바다를 볼 수 있을 것이다. 황푸강 유람선을 타고 3시간 정도 걸리는 가장 장거리 코스를 선택하면 바다 근처까지 다녀올 수 있고, 상하이가 항구도시라는 것을 제대로 느낄 수 있다. 와이탄의 화려한 면면을 지나고 양포대교, 남포대교를 지나 강의 하류를 지날 때면 또 다른 느낌을 받을 수 있을 것이다. 대부분의 여행객들은 인민폐 100위안 안팎하는 1시간 코스로 유람선을 탈 텐데 그 정도만 해도 배 위에서 와이탄 일대를 편안하게 둘러볼 수 있다.

가끔 지인들이 상하이에 놀러오면 빼놓지 않고 유람선을 타곤 했는데, 배 위에서 느긋하게 상하이를 바라보는 그 시간이 늘 즐거웠다. 차도 한잔 마시면서 흘러가는 물 위에 몸을 맡긴 채 와이탄을 바라보는 그 여유로움이라니.

황푸강 유람선

누군가 그리운 날에는 상하이에 가야 한다

상하이 불꽃놀이

요즘 한국은 불꽃놀이를 예전만큼 안 하는 것 같다. 기억 속 어린 시절 밤하늘을 아름답게 수놓던 그 수많은 불꽃놀이는 아이들의 마음을 뒤흔들곤 했다. 아마도 국경일이나 이런저런 대회나 행사가 있던 날에 주로 불꽃놀이를 많이 했던 것 같다. 볼거리가 그리 많지 않던 시절, 불꽃놀이는 화려한 볼거리였다. 시대가 변했다. 만약 지금 그렇게 하면 촌스럽다는 말을 들을 것 같다.

중국은 아직까지 우리보다는 불꽃놀이를 더 많이 하는 것 같다. 그리고 중국에 살면서 불꽃놀이를 진짜 실컷 구경하게 되는 날이 있는데, 바로 춘절과 중추절 등의 전통명절을 기념해서 쏘아올리는 불꽃놀이다. 한해를 보내고 새로운 해를 맞는 그 순간, 중국의 밤하늘은 화려한 불꽃이 수를 놓는다. 안 좋은 것들은 다 가고 행복한 일들만 있기를 바라는 의미일 것이다. 춘절에는 나 역시 귀국해서 가족들과 보내곤 했을 텐데, 어느 해인가는 중국에서 춘절을 보내며 불꽃놀이를 본 적이 있다. 조금은 쓸쓸했던 기억도 난다. 불꽃은 더 없이 화려한데 반대로 마음은 외롭던 기억. 중추절은 대개 친구들과 모여서 보냈으니

상하이 불꽃놀이

아마도 즐겁게 구경했을 것이다.

춘절 즈음에는 시 차원에서 쏘는 화려한 불꽃놀이 말고도 각 가정에서 쏘는 축포 때문에 온통 시끄럽고 정신없기도 하다. 그리고 그 매캐한 화약 냄새로 창문을 열 수 없을 정도다. 새벽까지 이어지는 그 축포로 잠을 잘 수가 없는데, 풍습이니 어쩌겠는가. 중국어로는 축포를 쏘는 것을 팡비엔파오(放鞭炮)라고 하는데, 새해를 맞아 안 좋은 기운을 다 쫓아보낸다는 의미로 그렇게들 축포를 터뜨린다.

엄마가 된 그녀들

유학시절 알고 지낸 여러 친구들이 있다. 학교 안에서 알게된 경우가 물론 많지만, 앞에서도 언급했듯이 이런저런 인연으로 친하게 지낸 경우도 많았다. 그리고 남자보다는 여자들이 많았다. 당시 30대를 막 시작하던 시기였으니 대부분은 나보다 한참 어린 친구들이었다. 박사반 동료들도 서너 살씩 어렸고, 석사생이나 본과생과는 대여섯 이상씩 차이가 났다. 물론 열 살씩 차이 나는 친구들도 많았다. 중국은 우리와 다르게 선후배 문화가 거의 없어서 나이에 별 상관없이 친구처럼 지내는 경우가 많아 오히려 더 편하고 친근하게 지낼 수 있었다. 유학 내내 그 친구들의 도움을 많이 받았다. 일상적인 것도 그렇지만 그에 못지않게 정신적인 위로를 많이 받았다.

졸업 후에도 이메일이나 메신저 등을 이용해 가끔씩 소식을 전했고 상하이에 다시 갈 일이 있으면 연락해서 만나고는 했다. 지금은 위챗(WeChat) 같은 SNS가 보편화됐으니 언제 어느때고 실시간으로 연락을 주고받는다. 편리한 세상이다.

세월이 많이 흘렀다. 그 시절 나의 외롭던 유학시절을 벗해주고 살뜰히 챙겨주던 고맙던 중국 친구들, 여학생들, 소녀들, 그

중에는 아직 싱글인 경우도 있지만 대부분은 결혼하여 엄마가 되었다. 중국의 대표적인 SNS인 위챗에 올려놓은, 아이와 함께 있는 그들의 사진을 보면 왠지 마음이 뭉클하다. 함께 공부하던 그 여학생들이 어느새 엄마가 되어 있다니. 모두들 건강하고 행복하기를 기원할 뿐이다.

교수님 건강하시길

석사를 마치고 중국으로 박사 유학을 결심했다. 처음엔 베이징을 생각했지만 입학시험 날짜가 맞지 않았다. 중국은 9월이 1학기인데 베이징 쪽의 대학들은 대개 3, 4월에 입학시험을 치렀다. 반면 상하이는 8월에 시험이 있었다. 코스모스 졸업을 한 나로서는 베이징 시험 시간에 맞출 수가 없었다. 그리하여 상하이로 가기로 결정, 한국에서 필요한 서류와 신청서를 미리 부치고 7월에 혼자 상하이로 들어왔다. 지금 와 생각해보면 그게 다 인연이었다는 생각이 들고, 또 여러모로 나에게는 상하이가 맞았다는 느낌도 든다.

지도교수님께 미리 한국에서 전화를 드렸다. 상하이에 도착한 다음 날, 물어물어 교수님 댁을 찾아갔다. 학교에서 멀지 않은 오송로에 위치한 아파트에 살고 계셨다. 한국에서 챙겨온 홍삼 선물을 들고 갔다. 당신 밑에서 공부를 하겠다고 찾아온 외국 학생을 교수님은 대견스럽게 봐주신 것 같다. 열심히 해보라는 격려와 함께 인근 정류장까지 마중을 나와 돌아가는 길을 상세히 알려주셨다. 내 아버지와 동년배셨고, 교수님 아들 또한 나보다 몇 살 어린 또래였다. 그래서 아버지 같은 느낌도 들었다.

3년 내내 교수님은 언제나 다정하고 인자하게 나를 지도해주셨고 생활적인 면, 심리적인 면까지 살뜰히 챙겨주셨다. 격의 없이 아들처럼, 또 때로는 친구처럼 대해주셨다. 큰 문제없이 계획한 시간 안에 졸업을 하게 되었을 때도 돌아가서 좋은 학자가 되라는 덕담을 건네주셨다. 졸업을 앞두고 중국 동기들과 함께 몇 차례 기분 좋은 식사자리를 했고, 얼마 뒤 가족을 대동하여 졸업식에 참석했을 때에도 자리를 마련해서 식사를 대접했다. 그 뒤에도 상하이에 들르게 되면 찾아뵙고 자리를 함께하고 있다. 이제는 팔순을 훌쩍 넘기셨는데 항상 건강하시길 기원하고 또 기원한다.

멀리서 친구가 찾아오니

"멀리서 친구가 찾아오니 어찌 기쁘지 아니하겠는가." 동양의 고전 『논어』의 맨 앞에 등장하는 구절이다. 상하이에서 유학하는 동안 가끔 한국의 친구들, 지인들이 찾아오는 경우가 있었다. 대개 상하이에 처음 오는 경우였으니 나는 그들의 상하이 여행이 최대한 즐겁고 유쾌하길 바라며 숙식 제공과 가이드를 자처했다. 물론 출장이나 업무 차 오는 지인들의 경우엔 미리 예약한 숙소들에서 묵었고, 저녁 때쯤 상하이 시내에서 만나서 식사 정도를 같이 했다.

대학 동기 두 명이 각각 한 번씩 출장을 왔었다. 졸업 후 몇 년 만에 만난 데다가 낯선 이국에서 보는 느낌이 더해져서 더욱 반가웠다. 각자 사는 얘기, 일 얘기, 공부 얘기를 나누면서 즐거운 시간을 보낸 기억이 난다. 막 서른을 넘긴 나이였으니 아무래도 결혼과 직장에 대한 이야기가 주를 이루었던 것 같다.

같이 학문의 길을 가는 동료들이 자료 수집 차 상하이에 온 적이 두어 번 있었다. 동기도 있었고, 선배, 후배도 있었다. 한 일주일 정도 우리 집에 함께 머물렀다. 같이 상하이 여기저기를 둘러보고 유명한 음식들도 사먹었다. 장을 봐서 함께 음식을 만들어 먹기도 했다. 공부하는 사람들이었으니 같이 서점을 여러 군데 돌았던 기억이 인상적으로 남아 있다.

동갑내기 외사촌이 휴가를 이용해 상하이에 놀러온 적도 있었다. 작정하고 한 4, 5일 상하이와 인근 쑤저우, 항저우, 난징까지 둘러보았다. 아침부터 밤까지 강행군이었고 저녁에는 마사지를 받으며 하루의 피로를 풀었다. 즐거운 봄날의 추억이었다. 지금도 가끔 그때 그 이야기를 나눈다.

상하이로 가는 기차

　상하이를 떠나온 그 다음 해 여름, 친구와 둘이서 중국으로 배낭여행을 떠난 적이 있다. 중국에 한번 가보고 싶다는 친구의 말에 즉흥적으로 떠난 여행이었다. 인천에서 배를 타고 위해에 도착, 산동성 제남을 거쳐 하남성 개봉과 낙양을 두루 돌아보니 집 떠난 지 10일쯤 되었다. 특별한 계획 없이 말 그대로 발길 닿는대로 다니는 셈이었는데, 서안으로 가려던 생각을 바꿔 마지막 목적지 삼아 상하이로 가기로 했다. 낙양에서 상하이는 까마득한 거리, 침대열차를 타고 하루를 달려야 했는데 늘 그렇듯 기차표 구하기가 쉽지 않았다. 에라, 그럼 비행기를 타자고 비행기표를 구하러 간 낙양역 근처 여행사에서 어렵사리 기차표를 구할 수 있었다. 드디어 상하이로 가는 기차를 탔다는 안도감이 밀려들었는데, 그만큼 상하이는 나에게 익숙하고 편안한, 비유컨대 제2의 고향 같은 곳이다.

　그렇게 낙양의 밤을 뒤로 하고 탄 기차, 친구와 이런저런 이야기를 나누다 잠이 들었는데, 날이 밝아 일어나도 아직 상하이까지는 한참이었다. 맞은 편 침대에는 한 가족이 타고 있었는데, 이야기를 나눠보니 중학생 자녀를 상하이로 진학시키기 위해 온 가족이 상하이로 가는 사연이 있었다. 자식 교육에 목숨 거는 건 한국이나 중국이나 마찬가지인 셈이었다.

그때쯤 기차는 양자강을 건너고 있었다. 기차 안에서 장강을 보기는 참 오랜만이었고 그 장대한 풍경에 가슴이 시원해졌다. 함께 간 친구도 장강을 눈앞에서 보게 되자 감탄을 늘어놓았다. 장강을 건넜다면 이제 상하이가 멀지 않았다는 얘기다. 기차는 남경을 거쳐 우리의 목적지 상하이에 도착했다. 급 친해진 앞 칸의 가족과 인사를 나누고 상하이 기차역에 내렸다.

누군가 그리운 날에는 상하이에 가야 한다

푸단대 도서관

유학하면서 가장 많은 시간을 보낸 공간은 집이지만 그 다음으로는 역시 도서관이었다. 푸단대 도서관은 학교 정문 맞은편에 있었고, 그 옆에는 문과대 건물이 있었다. 유학 첫해는 수업이 많아서 도서관보다는 강의실에서 시간을 많이 보냈지만 수업이 대략 끝난 2년차부터는 도서관에서 주로 공부했다. 아침에 일어나면 대충 씻고 나와 근처 시장통에서 간단히 아침을 해결한 뒤 도서관으로 향했다.

도서관에 있다 보면 한두 명쯤 아는 이들을 만나게 된다. 잠깐씩 나와 담배를 한 대 피며 한담을 나누다 다시 들어간다. 점심 때가 되면 자연스레 그 친구들과 어울려 근처 학교 식당이나 학교 주변의 단골 식당에 간다. 점심을 먹고 오후에도 내내 도서관에서 공부를 하는 경우도 많았고, 그때그때 약속에 따라 수영장도 가고 서점에도 가고, 혹은 친구네 집에 놀러가기도 했다. 가급적 저녁 전에는 집에 들어가지 않았다. 집에 있다 보면 아무래도 늘어져서 책상 앞에 잘 앉지 않게 되니 스스로 그런 규칙을 세웠던 것 같다. 물론 막바지 논문을 쓰는 기간에는 거의 집에서 나오지 않고 하루 종일 책상에 앉아 논문을 썼다. 말하자면 도서관을 다니던 때는 그래도 조금은 여유와 낭만이 있던 시절이었다.

도서관에 있으면 전공 서적 외에도 이런저런 관심 가는 책들을 찾아보게 되고 그러다보면 어느새 저녁이 되곤 했다. 그렇게 보낸 하루는 딱히 뭘 열심히 한 것도 아니지만 왠지 모르게 뿌듯한 마음이 생기기도 했다. 내일도 열심히 해야지라는 다짐을 하고 자전거를 타고 집으로 향했다.

재경대 무도회

중국 대학생들은 모두 기숙사 생활을 한다. 외지에서 온 학생들은 물론이고 집이 상하이인 학생들도 기본적으로 다 기숙사에 들어가서 생활한다. 그렇게 4년간 학교 안에서 먹고 자고 공부하며 생활한다. 3층짜리 침대를 양쪽에 두고 무려 6명이 함께 생활해서인지 아마 4년간 정이 많이 들 것이다. 많은 중국인들이 대학 시절을 유독 애틋하게 기억하는 것도 그런 연유에서 비롯되었을 것이다.

그렇다보니 모든 게 학교 안에서 해결된다. 가령 학교 안에 목욕탕도 있고, 학교에서 영화도 틀어주고 심지어 주말에는 어설프게나마 나이트클럽, 혹은 무도회장도 차려진다. 상하이 유학에 앞서 90년대 중반에 산동에서 어학연수를 한 적이 있다. 그때도 중국 대학생들의 그런 문화가 좀 신기했었는데, 한편으로 생각해보면 중국답게 참 실용적이라는 생각도 든다. 당시에는 반 년 남짓한 연수였지만 나름대로 중국의 대학 문화를 좀더 체험하고 싶어서 여기저기 쑤시고 다니면서 다양한 행사에 참석했다.

상하이에서 몇 년 살게 된 후, 나이 많은 박사생이긴 했지만 어쨌든 아직은 학생이고 학교의 일원이니 가끔 중국 학생들이 주관하는 이런저런 행사에 참석하곤 했다. 앞서 말한 주말 무도회에도 참가하곤 했다. 말이 무도회지 그냥 음악에 맞춰 춤을 추고 웃고 떠드는 시간이었다. 푸단대는 물론 인근의 재경대, 동제대의 무도회에도 가곤 했던 것 같다. 그저 풋풋하고 소박한, 대학생들의 귀여운 놀이문화에 동화되어 즐거운 시간을 보냈던 것 같다. 괜히 예쁘장한 여학생에게 가서 춤을 추자고 제안하기도 하면서 말이다.

홍커우 축구장

　학교에서 차로 한 15분, 자전거로는 30~40분 남짓한 거리에 홍커우 축구장이 있었다. 그 옆에는 홍커우공원, 즉 루쉰공원이 위치한 터라 겸사겸사 자주 가던 곳이다. 홍커우 축구장은 중국 내에서 나름 유명해서 국제 경기 등 중요한 축구경기가 자주 열렸고, 또한 홍콩이나 대만, 혹은 해외의 유명 가수들이 자주 와서 대규모 콘서트를 열었다. 옆에 있는 루쉰공원에는 자주 갔지만 사실 홍커우 축구장에 들어가는 일은 거의 없었고, 대신 그 주위에 있는 여러 특색 있는 음식점들에 가는 경우가 종종 있었다.

　홍커우 축구장이나 상하이 체육관은 교통 입지가 좋아 여행사들이 몇 군데 있었다. 마침 친한 중국인 동생이 홍커우 축구장에 딸린 여행사에서 일하고 있었다. 가끔 퇴근 시간에 맞춰 그 친구와 근처 꼬치구이집에 자주 갔던 것 같다.

　2003년 가을, 홍커우 축구장에서 중화권의 유명가수들이 합동으로 하는 콘서트가 열렸다. 원래는 봄에 하려던 것이 사스 때문에 무기한 연기되었다가 가을에 열리게 된 거였다. 그 여행사 동생의 제안으로 축구장에 들어가 리허설을 보게 되었다.

익히 아는 대만, 홍콩의 가수들의 노래를 바로 앞에서 들어볼수 있어서 좋았다. 10월 즈음으로 기억하는데, 상하이의 더위는 그때까지도 기승을 부렸다. 그래도 해가 뉘엿뉘엿 지는 무렵 넓은 축구장 잔디에 앉아 중화권의 일급 가수들이 부르는 노래를 들으니 새삼 낭만적으로 느껴졌다.

홍커우 축구장

겨울 장마

사철 비가 많은 상하이인데, 특히나 겨울날 끝간 데 없이 내리던 비를 잊을 수 없다. 안 그래도 웅크러드는 추운 날씨에 비가 일주일씩 계속 내리면 정말 우울해진다. 그 우울과 추위를 떨쳐내려 사우나에 자주 가고 안마도 자주 받던 겨울날이 떠오른다. 특히나 2, 3년차 겨울이 더욱 그런 느낌으로 기억되는데, 졸업학점을 모두 채운 뒤, 그러니까 수업도 딱히 없고 오로지 혼자 공부하고 논문을 써가던 그 시절, 하루의 시간을 온전히 스스로 채워나가던 시절이었다.

예컨대 대략 이런 것이다. 점점 논문의 압박이 밀려들고 구체적인 성과가 나와야 하는 시기이니 흔들리지 말고 공부에 매진해야 할 텐데, 비는 계속 내려 우울하고 정신은 나약해지는 것이다. 그래서 비를 핑계 삼고 우울하다는 이유를 들면서 책상에 앉지 않고 자꾸 잡념에 잠기고 딴짓을 하게 되는 것이다. 이쯤 되면 어쩔 수 없었다. 비가 그칠 때까지 당분간 기분 전환이 필요했다.

당시 나는 친한 후배와 함께 많은 시간을 함께 보냈다. 서로의 집에 번갈아가며 며칠씩 묵으면서 영화도 보고 포커도 치고

242
상하이 센티멘털

요리도 해먹었고, 함께 탁구나 수영 같은 운동도 하러 다녔다. 비가 세차게 내리면 자전거 타기도 참 어려워지는데 그럴 때는 우비를 입고 자전거를 탔다. 우비를 입은 채 차가운 겨울비를 맞으며 학교로 사우나로 도서관으로 달려가던 그때가 떠오른다. 우비를 입었어도 계속해서 얼굴을 강타하던 차가운 겨울비의 감촉, 어쨌거나 정겨운 기억이다.

봄날의 보슬비

사철 비가 많은 상하이, 추운 겨울이 지나고 강남에 봄이 찾아오면 다양한 꽃들이 피고, 새들이 지저귄다. 그리고 봄을 알리는 촉촉한 보슬비가 자주 내린다. 겨울비가 차갑고 쓸쓸하게 퍼부으며 몸과 마음을 적셨다면, 상하이의 봄비는 따뜻하고 또 낭만적으로 기억된다.

겨우내 비닐로 꽁꽁 틀어막았던 창문을 활짝 열고 새가 지저귀는 소리를 듣는 봄날, 촉촉하게, 또 때로는 시원하게 내리는 비는 활기를 느끼게 해준다. 비록 논문 쓰기에 치여 마음의 여유가 없던 유학 막바지였을 때도 나는 상하이의 봄비만큼은 충분히 즐겼던 것 같다. 일부러 그 비를 맞고 공원을 걸었고, 비가 오면 자전거를 타고 막 여기저기 쏘다니기도 했다. 혹은 반대로 하루 종일 집에 틀어박혀 내리는 비를 하염없이 바라보며 촉촉한 감성에 젖기도 했다.

밤늦도록 비가 내리고 이런저런 생각에 잠이 오지 않을 때는 비를 맞으며 수영장으로 달려가 지칠 때까지 물속에서 첨벙거리다 오곤 했다. 24시간 영업하는 곳이었기 때문에 시간에 구애받지 않고 아무 때나 갈 수 있었다. 돌아보면 참 고마운 곳이었다.

　마침내 논문을 완성하고 제본해서 찾아오던 날, 자전거 뒤에 논문을 잔뜩 싣고 가벼운 마음으로 페달을 밟는데, 보슬비가 내리기 시작했다. 상하이의 비를 늘 사랑했지만, 그날의 그 보슬비는 참으로 정겹고 애틋했다. 맨얼굴로 보슬비를 맞으며 기분이 더 좋아져 나도 모르게 노래를 흥얼거렸다.

졸업가운을 입고

상하이 유학 3년, 드디어 논문 답변회가 끝나고 졸업이 확정되었을 때, 그간의 노력과 시간들이 주마등처럼 지나가면서 시원섭섭했다. 이로써 3년간의 상하이 유학이 대단원의 막을 내리게 되었다. 동료들, 후배들의 축하를 많이 받았고 한동안 그런 기분에 취해 지냈다. 상하이 입성 초기에 느꼈던 것이 신선함과 설렘이었다면, 졸업을 앞둔 그때의 기분은 뭔가 복합적인 것이었다.

자, 이제 학교를 떠나기 전 졸업 기념사진을 찍기로 했다. 학부생이 아니니 졸업생 전체가 따로 모여 찍는 절차가 없었다. 그렇다보니 마음 맞는 친구들끼리 가운을 빌려 삼삼오오 찍는 분위기였다. 상하이의 본격적인 여름이 시작되는 6월의 어느 날, 함께 동고동락한 동기 형과 가운을 입고 학교 여기저기를 배경으로 사진을 찍었다. 정문에서 찍고, 3년간 땀을 흘렸던 도서관을 배경으로 찍고, 함께 수업을 들었던 여러 건물 앞에서도 찍었다. 학교 정문 공고란에 박사학위 통과자에 대한 명단이 붙어 있었다. 내 이름도 물론 있었다. 그것도 기념이 될 것 같아 빠뜨리지 않고 찍었다. 학교 여기저기를 다니며 사진을 찍다보

푸단대 졸업식

니 우리처럼 기념 촬영을 하는 중국 학생들이 더러 있었다. 같은 졸업생이라는 공통점이 있으니 서로 축하를 건네며 함께 사진을 찍기도 했다.

즐거운 시간이었다. 무더운 날씨에 크고 무거운 졸업가운을 입고 있었지만 덥게 느껴지지 않았다. 과연 졸업의 순간이 올까 싶을 만큼 논문 막바지 시간들은 고뇌의 연속이었다. 사진을 찍던 그날, 새삼 학교가, 상하이가 애틋하게 느껴졌다.

누군가 그리운 날에는 상하이에 가야 한다

학위 수여식

　중국 대학원의 학위 수여는 우리와 좀 다르다. 우리는 학교
차원에서 모든 절차가 이루어지지만, 중국은 교육부 승인 절차
를 따로 거치는 관계로 학위 수여까지 시간이 더 걸린다. 6월에
졸업하고 7월에 귀국했는데 학위수여식은 그보다 몇 달 뒤인
10월에 거행되었다. 당시 여러 학교에서 강의를 하던 때였는데
한 이틀 휴강을 하고 참석차 상하이로 떠났다. 여행도 삼을 겸
겸사겸사 부모님을 비롯한 가족 모두와 함께 갔다.

　학교 근처 호텔에 짐을 풀고 그날 저녁 상하이 투어에 나섰
다. 택시 두 대로 나눠 타고 시내로 나가 와이탄, 예원 등을 둘
러보았다. 남경로 쪽의 한 식당에서 한창 살이 올라 맛있는 가
을 게요리를 거하게 시켜먹었다. 학위수여식은 다음날 있었다.
아직 과정 중에 있는 친한 후배들이 축하해주러 나왔고, 몇 달
만에 여러 동기들을 다시 만났다. 중국 동기들은 전국 각지로
흩어진 터라 참석하지 못하는 경우도 많았다.

　이름이 호명되어 단상에 올랐다. 드디어 박사학위 증서를 건
네받았다. 단상 아래에서는 가족과 동료들이 연신 사진을 찍어
주었다. 그날 저녁 지도교수님과 교수님 가족을 모시고 함께

즐거운 식사시간을 가졌다. 우리 부모님과 가족도 교수님께 감사의 인사를 드렸다. 보람 있는 저녁 시간이었다.

다음날 가족들과 신천지와 임시정부, 그리고 루쉰공원을 둘러보았다. 덥지도 춥지도 않아 돌아다니기에 쾌적한, 딱 좋은 날씨였다. 몇 달 만에 다시 온 상하이가 참으로 정겹게 느껴졌다. 마음의 여유가 좀 생긴 후여서일까. 그렇게 즐거운 시간을 보내고 다시 일상으로 돌아왔다. 그때 함께 갔던 4살짜리 조카가 벌써 17살이 되었다. 조카는 그때 삼촌이 와이탄에서 사준 여러 장난감들을 아직 기억하고 있다.

역사 고도 난징으로 고고

상하이에 살면서 가장 많이 갔던 인근 도시는 역시 난징(南京)이다. 만약 상하이에서 중국 전통의 분위기를 느끼지 못해 아쉽다면 난징에 가면 된다. 난징은 역대로 여러 왕조가 도읍지를 삼았던 곳으로, 유적지를 비롯하여 볼거리가 풍부하니 말이다. 상하이에서 난징으로 가는 방법은 기차와 장거리 버스를 이용하면 되고 멀지 않으니 부담 없이 갈 수 있다.

난징은 큰 도시고 명승고적이 많지만, 대부분 시내에서 멀지 않기 때문에 2~3일 정도면 충분히 둘러볼 수 있다. 시 중심에 위치한 현무호는 멋진 풍광과 운치를 가지고 있어서 갈 때마다 편안하고 신기한 느낌을 받는다. 동쪽의 자금산 자락에는 중국 혁명의 아버지라 불리는 쑨원의 능묘인 중산릉과 명나라를 개국한 초대 황제 주원장의 능묘인 명효릉이 있어서 함께 둘러보면 된다. 중산릉의 거대한 규모, 그리고 시간여행을 하는 기분을 전해주는 명효릉을 보고나면 마음이 아득해진다.

그 밖에도 난징을 대표하는 사찰인 영곡사, 공자의 사당인 부자묘, 그리고 부자묘를 둘러싼 옛 번화가를 걷다보면 왜 난징이 역사 문화의 도시인지를 피부로 실감하게 될 것이다.

유학 시절 동료들과, 또 한국에서 찾아온 친구들, 가족들과 여러 번 난징을 갔었고, 졸업한 뒤에도 업무 차, 또 여행 차 몇 번 다녀왔다. 몇 년 전 갔던 일이 떠오른다. 아내와 함께 한 중국 여행이었는데, 상하이에 가기 전 난징에 들렀다. 예전 같이 근무했던 중국 선생님이 마침 방학을 맞아 고향 난징에 와 있었다. 반가운 만남이었고 함께 난징의 여기저기를 둘러보며 즐거운 시간을 보낸 적이 있다.

중산릉

누군가 그리운 날에는 상하이에 가야 한다

동양의 베니스 쑤저우

확실히 중국의 남방은 물이 많다. 상하이도, 난징도 그렇고 쑤저우(蘇州), 항저우도 마찬가지다. 강과 호수, 그리고 이런 저런 크고 작은 물길이 많다. 그중 운하의 도시로 예로부터 이름난 곳이 바로 쑤저우다. 이른바 동양의 베니스로 불리는 곳이다.

쑤저우는 운하뿐 아니라 강남의 대표적인 정원들이 몰려 있는 도시로 유명하다. 그중에서 졸정원, 유원, 사자림, 창랑정은 4대 정원으로 불리며 이른바 강남 정원의 진수를 보여준다. 연못과 기암괴석, 대나무, 화려한 누각 등 쑤저우의 이름난 정원을 걷고 있다 보면 마치 아득한 무릉도원처럼 느껴진다.

쑤저우 구석구석을 연결하는 운하, 걷거나 자전거를 타고 천천히 돌아보는 것도 좋고, 배를 타고 운하를 관람하는 것도 물론 좋다. 곳곳에 오래된 아치형 석교가 있는데 강남 운하의 분위기를 더하며 낭만적인 색채를 선사한다. 운하를 따라 수많은 집들이 연결되어 서 있다. 집 앞에 마당 대신 운하가 펼쳐져 있는 셈이다. 오래전부터 사람들은 물에 기대어 생활하고 있는 것인데, 그런 풍경을 마주하는 것도 색다르게 느껴질 것이다.

쑤저우의 원림

　상하이에서는 1시간 남짓이면 갈 수 있는 거리이기 때문에 상하이에 왔다면 부담 없이 다녀올 수 있는 곳이다. 실제로 상하이에 여행을 온다면 항저우와 함께 패키지로 묶어 가게 되는 여행지일 것이다.

누군가 그리운 날에는 상하이에 가야 한다

서호를 품은 항저우

난징도 좋고 쑤저우도 좋지만 상하이 근방에서 가장 좋아하는 곳을 들라면 나는 개인적으로 항저우(杭州)를 꼽는다. 무엇보다 아름다운 호수 서호를 품고 있기 때문이다. 유학 첫해 가을에 가본 항저우 서호의 풍경은 정말 저절로 감탄을 자아낼 만큼 아름답고 멋졌다. 게다가 연꽃까지 더해져 낭만은 배가 되었고, 그해 항저우 여행은 막 시작한 유학생활을 더욱 활력 있게 만들어주었다. 그때 항저우에서 만난 여대생들은 항저우에서 대학을 다녀 참 행복하다고 말했다. 해질 무렵의 서호를 바라보며 그녀들의 말에 백프로 동의했다.

해가 지고 어둠이 찾아오면 호수를 따라 설치한 형형색색의 불이 들어온다. 밤에 서호를 천천히 걸어보는 것도 좋다. 낮의 풍광과는 또 다른 색다르고 낭만적인 서호의 야경에 취할 것이다.

서호는 사계절 언제나, 또한 맑은 날이든 비 오는 날이든 어느 때를 막론하고 멋진 풍광으로 이름나 있다. 이 아름다운 호수는 역대의 수많은 시인 묵객들을 불러 모았다. 특히나 소동파와 백낙천의 서호 사랑은 유명했다. 서호 일대에서 특히나

빼어난 절경을 따로 서호 10경이라 부를 만큼 서호의 아름다움
은 특별하다.

상하이에서 불과 2시간 떨어진 곳이지만, 항저우는 상하이와
완전히 다른 느낌의 도시다. 요컨대 항저우에 가면 마음이 저
절로 편안해지고 대자연의 멋을 느끼게 된다. 그래서 많은 중
국인들이 은퇴해서 살고 싶은 곳으로 항저우를 꼽는다. 가령
돈은 상하이에서 벌고 항저우에 와서 여유롭게 살고 싶은 것이
리라.

상하이 센티멘털

서호

257
누군가 그리운 날에는 상하이에 가야 한다

바다인가 호수인가, 태호로 가자

항저우에 서호가 있다면 우시(無錫)에는 태호가 있다. 이름 그대로 엄청나게 큰 호수로, 바다인지 호수인지 가늠이 안 될 정도다. 서호와는 또 다른 느낌으로 다가온다. 서호도 엄청난 크기지만 태호는 말 그대로 바다와 같은 느낌이랄까. 호수 안에 무려 70개가 넘는 섬이 존재한다고 하니 말 다한 셈이다.

우시는 여러 번 간 게 아니고 딱 한 번 가봤는데, 함께 입학했던 한국 동기 형들과 당일치기로 다녀온 기억이 난다. 입학한 첫해 겨울방학이 끝나갈 무렵이었던 것 같다. 방학을 맞아 각자 한국 집에 다녀온 후 새 학기를 준비하는 시점이었는데, 같이 밥을 먹다가 즉흥적으로 결정, 다음날 셋이 태호를 보러 우시로 가는 기차에 올랐다.

대략 태호가 중국에서 세 번째로 큰 담수호라는 정도는 알고 있었지만 직접 눈으로 본 태호의 규모에 놀라지 않을 수 없었다. 배를 타고 섬 안으로 들어갔는데, 끝간 데 없이 달리는 배는 마치 망망대해에 와 있는 듯 사방이 온통 물밖에 보이지 않았다. 우리는 태호의 그 거대한 풍경에 압도되고 말았다. 섬의 규모도 커서 그 안에는 여러 유적이 많았다. 그날 엄청나게 큰

불상 앞에서 호기롭게 찍은 사진들은 즐거운 추억으로 남아 있
다. 우시는 상하이, 난징, 쑤저우, 항저우와 함께 꼭 한번 가볼
만 한 곳이다.

사오싱에서 한잔 술을

쑤저우나 항저우, 또는 난징처럼 상하이에 오면 함께 꼭 둘러
보게 되는 여행지는 아니지만, 그리 멀지 않은 곳에 위치한 사
오싱(紹興)도 한 번쯤 가볼 만한 곳이다. 상하이에서 3시간 정
도 걸리는데, 1박 정도 하면서 둘러보면 좋을 것 같다. 사오싱
은 무엇으로 유명한가. 우선 사오싱도 쑤저우처럼 운하가 유명
한데, 도시 곳곳이 물길로 연결되어 있다. 그리고 항저우의 서
호와 여러모로 비견되는 멋진 호수, 동호가 또한 볼 만하다.

사오싱은 또한 중국 역사에 길이 남은 명사를 많이 배출한 고
장으로 유명하다. 멀게는 서예가 왕희지부터 현대에 와서는 루
쉰, 주은래 등 현대 중국의 거인들도 이곳 사오싱이 고향이다.
또한 춘추전국시대의 유명한 고사인 와신상담의 무대가 바로
이곳이라서 그를 기념하는 기념관과 큰 공원이 있고, 중국 신화
에 등장하는 치수의 영웅 우왕의 사당도 가볼 만하다.

루쉰을 무척 좋아하는 나로서도 그의 고향인 사오싱에 안 가
볼 수 없었다. 상하이에도 루쉰의 흔적이 많이 남아 있는데, 상
하이에 이어서 사오싱에 가면 그의 어린 시절부터 시작해서 여
러 흔적들을 더 만나볼 수 있다. 나에게는 그것만으로도 사오

사오싱

싱에 갈 이유가 충분하다.

마지막으로 사오싱의 명물인 사오싱주를 빠뜨릴 수 없는데, 중국 8대 명주 중 하나로 거론된다. 자, 사오싱의 역사와 문화, 그리고 사오싱이 배출한 걸출한 인물들을 만나보았다면 이제 좋은 음식과 함께 사오싱주를 한잔 맛봐야 할 것이다.

섬에서 낭만과 힐링을, 푸퉈산

　중국 남부 최대의 도시 상하이, 인구는 넘치고 교통은 혼잡하며 대기오염도 심각하다. 바다에 인근하고 있다지만 실제 상하이에 살면서 바다를 보기는 어렵다. 이렇다 할 산도 없다. 그렇다면 상하이 사람들은 바람 쐬러, 혹은 짧은 휴가라도 생기면 어디로 가는가.

　물론 중국은 면적이 넓고 가볼 만한 여행지가 수없이 많으니 상하이 사람들도 시간과 기회가 되면 여기저기 많이 여행을 다닐 것이다. 그리고 앞서 언급한 곳들을 포함해 가까운 인근에도 유명한 관광지가 많으니 당일치기나 1박 코스로 많이들 다녀온다. 그 밖에 상하이 인근에서 가볼 만한 곳을 하나만 더 꼽자면 푸퉈산(普陀山)을 들 수 있겠다. 실제 상하이 사람들도 많이들 가고, 또 만족도도 높은 곳이다.

　푸퉈산은 사실 바다에 떠 있는 섬이다. 중국 4대 불교명산에 속할 만큼 사찰이 유명하고, 사방이 바다인 만큼 아름다운 해변이 또한 유명하다. 즉 산과 바다가 어우러져 멋진 풍광을 자랑하는 곳이고, 휴양지로서 안성맞춤인 곳이다.

　복잡한 도심을 벗어나 청정 대자연을 만날 수 있고, 산속에 위치한 멋진 사찰에서 고용하게 마음을 가다듬을 수 있으며, 편안하고 멋진 해변에서 바다를 즐길 수 있는 곳이 바로 푸퉈산이다. 거기에 맛있는 해산물 요리까지 즐긴다면 금상첨화일 것이다. 중국 친구에게 상하이는 너무 복잡해서 좀 답답하다고 하니 자기도 바람 쐴 겸 자주 가는 곳이라고 추천해주어서 찾아가보았다. 특히나 고요한 밤바다를 거닐 수 있어서 좋았고, 이튿날 이른 아침 찾아간 산사의 사찰도 좋았다. 말 그대로 힐링의 시간이었다.

상하이에서는 와이탄에서 야간에 출발하는 배편이 있고, 또 하나의 루트는 푸퉈산 근처까지 버스로 가서 다시 배를 타고 들어가는 것이다. 푸퉈산 내부는 버스 노선이 잘되어 있어 편하게 다닐 수 있다.

푸퉈산

누군가 그리운 날에는 상하이에 가야 한다

3부

밖에서 바라보는 상하이

장강 델타

잘 알려져 있듯 상하이는 인구 수가 2,000만이 넘고, 인근 권역까지를 포함한 도시 권역으로 보자면, 3,000만이 넘는 메트로폴리스다. 또한 상하이의 지역적, 경제적 범위는 계속해서 점점 커지고 있는데, 주변의 여러 도시와 하나의 큰 경제권역으로 묶여 있다. 다시 말해 상하이를 포함한 양자강 하류의 삼각주 지역은 중국 최대의 경제권으로 소위 장강 델타로 불린다. 이 장강 델타는 상하이를 중심으로 하여 금융, 해상, 무역, 물류 산업 등을 더욱 발전, 확대하고 나아가 중국 경제 발전의 동력이 되고 있다.

이러한 장강 델타 발전계획은 10여 년 전부터 국가 차원에서 대대적으로 추진되어 왔고, 이미 상당한 효과를 나타내고 있으며 중국 경제발전의 견인차 역할을 하고 있다. 장강 일체화 계획이라고도 불리는 이 프로젝트는 도시 간의 경쟁관계를 협력관계로 바꾸어 시너지 효과를 극대화한다는 목표로 진행되었다. 이 세계 최대 규모의 메살로폴리스를 구축, 발전시키기 위해 엄청난 공사들이 진행되었는데, 그중 핵심은 역시 교통망 연결이었다. 무려 36킬로미터에 이르는 항저우만 대교가 건설되

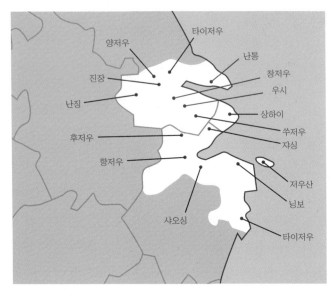

장강 델타 지도

었고, 해저터널과 교량이 결합된 세계 최장 연륙교통로인 상하이 장강수교가 완공됨에 따라 장강 삼각주가 하나의 경제권으로 통합, 연결되었다.

장강 델타는 남부의 광저우, 선전, 홍콩, 마카오까지를 포함하는 주강 델타와 함께 중국 경제의 중심지다. 그런데 주강 델타는 1980년 선전이 경제 특구로 지정된 지 30년이 지났고, 주강 델타의 30년 기한은 사실상 이미 만료된 상태다. 실제로 주강의 경제모델은 이미 수명을 다했다는 분석들이 많이 나오고 있다. 세계의 공장으로 불리며 중국 경제를 견인한 주강 델타는 이제 변화의 기로에 서 있다. 그러하니 장강 델타가 더욱 주목받는 것이고 또한 책임 역시 막중한 것이다.

자, 이처럼 상하이와 인근 여러 도시가 연결된 장강 델타는 전통적인 상하이의 구역 개념과 그 특징을 변화시키고 있다. 다시 말해 이제 상하이는 과거와는 또 다른 모습으로 변하고 있으니, 새로운 상하이를 전방위적으로 바라보고 그것을 입체적으로 이해하려면 더 많은 정보와 분석이 필요할 것으로 보인다.

상하이 디즈니랜드

2016년 홍콩, 도쿄에 이어 아시아에서는 세 번째로 개장한 상하이 디즈니랜드는 가장 최근에 개장된 디즈니랜드이며, 철저히 현지화 과정을 거친, 즉 중국의 특징에 맞게 새롭게 구성되었다는 특징이 있다. 상하이 디즈니랜드를 살펴보면, 상하이의 모습을 또 다른 각도에서 들여다볼 수 있을 것 같다. 일단 규모 면에서 아시아에서는 모든 종류의 테마파크를 통틀어 최대 규모의 테마파크이면서, 디즈니 특유의 동화 같은 분위기와 용을 위시로 하는 중국 고유의 스타일이 절묘하게 조화를 이루고 있다.

상하이 디즈니랜드는 2016년 6월 개장하여 채 1년도 되지 않은 2017년 4월에 입장객 1,000만 명을 돌파했다. 개장 1년 누적 관객은 1,700만 명이며 일일 평균 4만 명을 기록했다. 이는 애초 목표였던 연간 관람객 600만 명을 두 배 이상 뛰어넘는 수치다. 이를 통한 경제적 파급 효과 역시 엄청나서 상하이 및 상하이 델타 지역의 관광 산업 등에도 큰 도움을 주고 있다. 물론 더 세부적으로 보면 물류, 교통, 숙박, 요식업 등 관광과 관련된 여러 분야 모두 탄력을 받고 있다.

　예상을 뛰어넘는 성공으로 인해 상하이는 디즈니랜드를 중심으로 하는 대규모 관광단지를 건설하고 있다. 인근 지역의 숙박 및 제반 시설을 더욱 늘리고, 다양한 테마파크, 생태공원 등을 건설하려는 계획을 세우고 있다. 이러한 계획이 완성된다면 관광도시로서의 상하이의 위상은 더욱 높아지고 경제 효과도 더더욱 커질 것으로 예상된다. 요컨대 상하이의 발전 동력은 아직도 여러 개라는 것을 알 수 있고, 여전히 현재 진행 중인 것이다.

엑스포 이후

  2008년 베이징 올림픽 이후 2010년 상하이에서는 엑스포가 열렸다. 중국의 경제는 매년 빠르게 성장하고 있고, 올림픽 이후 중국은 더욱 자신에 차 있는 상황이었는 바, 크기와 수치에 유독 집착하는 중국은 상하이 엑스포를 역대 최대 규모로 화려하게 치러냈다. 올림픽 못지않은 세계적 행사가 중국의 경제, 문화 중심지 상하이에서 펼쳐지면서 전 세계의 이목이 상하이에 집중되었다. 총 189개국에서 참가했으며, 관람객 7,300만 명이 다녀가며 갖가지 역대 최고, 최대라는 기록을 세웠다.

  이처럼 성황리에 끝난 상하이 엑스포는 여러 가지 기록을 세움과 동시에, 상하이 및 인근 장강 델타지역의 경제 발전에도 큰 영향을 주고 있다. 즉 엑스포를 계기로 장강 삼각주지역의 경제 일체화가 가속화되고 있고, 이 지역에 대한 투자도 증가하고 있으며, 기타 관련 산업도 빠르게 발전하고 있다. 또한 상하이 엑스포가 상하이의 중심가에서 개최된 만큼 엑스포 부지는 다양한 공공시설과 상업시설로 개발되고 있고, 그로 인해 많은 부가수익을 올리고 있다.

  한 가지 더 눈에 띄는 점은 상하이 엑스포가 각국의 녹색도시

전략을 주요하게 소개했다는 점인데, 이는 향후 중국의 도시 녹화, 녹색도시 건축에 많은 영향을 줄 것으로 보인다. 세계 모든 나라가 그렇듯이 중국 녹색산업의 규모도 점차 커질 것으로 전망된다.

할리우드 블록버스터 속 상하이

  최근 몇 년간 선보인 할리우드 영화 〈미션 임파서블3〉, 〈트랜스포머2〉, 〈트랜스포머4〉, 〈코드 46〉 속에는 공통적으로 상하이가 등장한다. 이 영화들에서 묘사된 상하이는 상당히 화려하고 세련된, 요컨대 미래도시의 이미지를 강하게 표현한다. 특히 초고층 건물들이 즐비한 푸동의 마천루를 집중적으로 비춘다. 영화 속에 나타난 상하이 모습을 보고 있으면, 말 그대로 거대하고 화려한 대도시의 전형을 발견하게 된다.

  그런데 단지 대도시의 풍경이 필요하다면 사실 상하이 말고도 세계 곳곳에 있는 다른 도시들을 담아내면 될 것이다. 그렇다면 이런 영화들이 단순한 대도시의 풍경 말고도 특별히 담아내고자 한, 상하이만의 특징은 무엇이었을까?

  내가 보건대 상하이는 대비효과를 담아내기에 좋은 공간이다. 세계 어느 도시나 도심과 주변 지역 간의 차이는 있지만, 상하이야말로 그 차이가 극명한 곳이다. 그리하여 예로부터 악명이 높았다. 즉 '부자들에겐 천국이요, 가난한 자들에겐 지옥이다' 라는 말이 있을 정도로 상류층과 도시 빈민가의 차이가 극명하기로 유명하다. 그러하니 영화가 이런 상하이의 특징을 놓

칠 리 없다. 영화는 푸동의 마천루와 함께 도시 빈민가의 허름
하고 낙후된 풍경을 대비시킨다. 또한 상하이의 미래도시 이미
지와 인근의 전통적인 수향마을을 비추면서 또 다른 대비 효과
를 나타내기도 한다.

푸동 마천루 숲을 보며

　상하이는 세계 최고의 마천루 숲을 이루고 있다. 무려 126개의 고층 건물을 가지고 있으며, 이는 홍콩, 뉴욕, 두바이에 이은 세계 톱클래스 규모의 마천루인 것이다. 최근에 지어진 상하이 타워는 632미터로 세계 2위의 높이다. 이 모든 것들이 불과 30년 이내에 이루어진 것이다. 말 그대로 상전벽해의 변화요, 발전이다.

　소위 상하이의 3대 마천루는 금무대하, 상하이 세계 금융센터, 그리고 상하이 타워다. 푸동 루쟈쮀이에 삼각형을 이루며 나란히 서 있다. 마치 구름이라도 뚫을 기세로 하늘 높이 치솟아 있는 이들 건물을 보면 아찔해지는데, 한편으로는 왜 이렇게 높이에 집착할까, 하는 생각도 든다. 꼭 그렇게 최대, 최고라는 타이틀에 목을 매야 하는 것인가.

　자, 푸동 마천루에서 시선을 반대로 돌려 황푸강의 서쪽으로 돌려보면, 상하이의 전통적인 상징이라고 할 와이탄의 십리양장이 펼쳐져 있다. 100년 전 서구 제국주의 열강에 의해 경쟁적으로 지어진 서구의 건축물들은, 상하이를 이국적으로 채색하는 풍경이지만 중국 입장에서는 치욕의 역사이기도 하다. 나는 푸동지역에 세워진, 그리고 지금도 계속 들어서는 그 엄청난 고층 건물들, 즉 마천루 숲을 바라보면서 21세기 세계의 강국으로 거듭난 중국의 자신감과 자부심을 본다. 동시에 약간의 심리적 강박이 보이는 것 같다. 다시 말해 아픈 역사의 유적이기도 한 와이탄의 근대 건축물을 마주하고 세계 최대, 최고의 현대적 건물을 올려 새로운 시대, 새로운 중국의 모습을 만들고 있다는 생각이 든다. 즉 상처를 극복하는 과정에서 강하고 새로운 모습으로 거듭난 중국의 모습을 만방에 보여주고 싶어 하는 것 같다.

상하이 센티멘털

상하이 마천루

281
밖에서 바라보는 상하이

빛의 도시

　상하이의 밤은 무척 화려하다. 특히 와이탄을 중심으로 하는 상하이 야경은 아름답기로 정평이 나 있다. 갖가지 화려한 빛과 조명은 낮과는 완전히 다른 분위기를 연출하면서 상하이를 무척이나 낭만적으로 채색한다. 푸동의 마천루는 또 어떤가. 하늘을 향해 치솟은 고층건물을 휘감는 휘황찬란한 빛은 푸동 지구를 미래도시 이미지로 탈바꿈시킨다. 지난 100년간 중국에서 가장 크고 화려한 도시로 명성을 날린 남경로 쪽도 만만치 않다. 색색의 네온사인과 갖가지 화려한 간판은 사람들의 시선을 확실하게 잡아끈다.

　상하이의 야경을 좀 더 특별하고 멋지게 감상하고 싶다면 동방명주나 금무대하, 상하이 타워 등 초고층건물의 전망대에 가면 된다. 환상적인 야경이 발밑에 펼쳐지는 광경을 눈으로 확인하면서 황홀함을 느끼게 될 것이다.

　자, 이제는 현대의 화려한 야경 대신 중국의 전통적인 야경, 은은하고 고풍스러운 맛을 느끼고 싶을 수 있다. 그렇다면 예원 쪽으로 가면 된다. 연못에 비친 달, 그리고 멋스러운 누각은 정취를 더해주고, 예원 상장의 처마 곳곳에 조명이 켜지면 그 역시도 전통 중국의 멋스러운 야경을 만들어낸다.

국제도시 상하이의 밤은 갖가지 화려한 빛으로 채색되어 멋진 야경을 연출하고, 이는 상하이 관광의 백미일 것이다. 빛이 만들어내는 상하이의 압도적인 야경은 100년 전부터 그 명성을 이어왔다. 20세기 초 아시아 최대의 국제도시이자 문화 수도였던 올드 상하이의 밤 역시도 눈부시게 화려했다. 상하이를 빛의 도시라 명명해도 좋을 것 같다.

상하이 센티멘털

상하이 야경

밖에서 바라보는 상하이

상하이는 중국이 아니라는 견해

"상하이는 중국이 아니다" 혹은 "상하이는 중국 속 또 다른 나라다", 오래전부터 이런 말들이 있었다. 중국 경제, 문화의 중심지인 상하이를 두고 왜 이런 말과 시각이 존재하는 것인가.

이는 기본적으로 우리가 앞에서 살펴본 대로 상하이라는 도시의 역사와 그 형성과정의 특이함에서 비롯된 것이다. 즉 아편전쟁 전까지만 해도 거의 알려지지 않은 작은 어촌마을이 개항된 이후에는 아시아 어디에서도 본 적 없는 근대적인 대도시로 부상하게 되었으니, 그러한 의문제기는 어찌 보면 당연한 것이었는지 모른다. 아시아에서 처음 만나는 이 화려한 모더니티는 알다시피 서국 제국주의 침략에서 비롯된 것이고, 이제 상하이는 중국의 기타 지역과는 전혀 다른, 즉 나라 속의 또 다른 나라처럼 인식되었던 것이다. 마도라는 별칭도 그런 맥락에서 만들어졌다.

조계의 형성, 즉 서구의 여러 열강에게 거주와 통상, 행정권 등을 넘긴 뒤 상하이는 말 그대로 상전벽해의 공간이 되었고 서구의 근대 문물이 물밀듯이 들어왔으며, 동서양의 문화가 혼합

되는 용광로가 되었다. 중국을 식민지화하려는 야심을 품은 제국주의 서구열강은 상하이에서 경쟁적으로 건물을 짓고 자신들의 영향력을 더 확대하려고 했다. 전 세계에서 상하이로 사람들이 몰리고 자본이 몰리기 시작했다. 그리하여 당시의 상하이는 모험가의 낙원이요, 일확천금을 노리는 많은 이들에게 천국과도 같은 공간이었다.

이런 역사를 볼 때, 상하이의 두드러지는 국제 도시적 성격은 이미 20세기 초반부터 굳건히 자리를 잡았다고 할 수 있다. 지금도 상하이는 중국 어느 지역보다도 국제도시로서의 활기와 개방적 분위기가 있다.

자, 다시 처음으로 돌아가보자. '상하이는 중국이 아니다' 라는 말은 그만큼 중국에서 상하이가 갖는 독특한 역사와 지위를 상징적으로 압축한 표현이다.

상하이는 확실히 다르다

상하이에서 몇 년을 살았고, 또 귀국한 뒤로도 자주 가는 곳이니 나에게 상하이는 익숙한 곳이다. 여러 선생님들, 또 함께 공부했던 많은 친구들, 지인들이 살고 있는 곳이며 갈 때마다 새로운 이들을 알게 되는 곳이다. 그렇게 20년, 나름대로 상하이에 대해 여러 감정을 가지게 되었고, 상하이의 이모저모에 대해 조금씩 더 알게 되었다.

많은 이들은 상하이의 눈부신 발전과 번영을 얘기하고, 상하이의 유명 관광지와 먹거리, 마실거리 등등에 대해 논하기도 하고, 상하이의 역사와 문화에 대해 설명한다. 또한 점점 더 많은 사람들이 각자 나름의 관심사와 시각에 따라 상하이를 관찰하고 분석한다. 이를 통해 상하이의 여러 모습들이 좀 더 분명해지고 가까워진다. 상하이는 분명 그렇게 다양한 시각에서 입체적으로 바라봐야 하는 공간이다.

중국은 덩어리가 큰 만큼 각 지역의 지역색이 강하다. 그리하여 예로부터 남북을 기준으로 나누어보기도 하고, 다시 강과 산 등을 기준으로 잘게 나누어 그 특징과 기질 등을 가르기도 했다. 기본적으로 상하이도 같은 맥락에서 그 특징과 차이점을 애기해볼 수 있을 것이다. 그러나 상하이의 특징은 거기서 그치지 않는다. 그것을 캐치하려면 역시 상하이가 가지고 있는 독특한 역사, 문화적 배경을 충분히 고려하지 않으면 안 된다.

중국의 다른 지역에 있다가 상하이에 입성하면 그리하여 뭔가 확실히 다르다는 느낌을 강하게 받게 된다. 그 뭔가가 다르다고 하는 것의 원형을 찾아내려면, 다양한 시각에서 상하이를 입체적으로 바라봐야 할 것이다.

상하이 문화의 특징은 무엇인가

　자, 그리하여 중국의 다른 지역과 뚜렷이 구별되는 상하이 문화의 특징을 몇 가지 들어보라면, 우리는 무엇을 말해야 할까. 앞서 살펴본 여러 상황에 비추어볼 때, 아마도 상하이의 문화적 특징은 무엇보다 개방성, 혼종성, 실용성 등등을 들 수 있을 것 같다. 상하이의 개방성은 앞서도 언급했듯이 상하이가 베이징과 상반되게 강변(灘)의 도시라는 점에서 뚜렷이 부각될 수 있다. 아무것도 감출 게 없고, 누구나 다 상하이의 일원이 될 수 있으며, 개인주의가 보편적으로 인정되는 곳, 상하이는 일찍부터 누구에게나 개방된 국제도시였다. 이러한 특징은 다시 자연스레 실용성과 연결된다. 물론 이 또한 상대적인 이야기지만, 수도 베이징이 명분과 권위를 중요하게 여기는 반면, 상하이는 철저히 실리와 결과를 가장 먼저 고려하고 중시한다고 말할 수 있다.

　혼종성 역시도 상하이의 대표적인 특징으로 거론될 수 있을 것이다. 일찍이 상하이의 발전 자체가 서구열강에 의한 서구화 과정을 거쳐 이루어졌다고 할 수 있는 바, 상하이는 동양과 서양의 문화가 뒤섞인 하나의 거대한 용광로였다. 다양한 곳에서 온 사람들이 뒤섞여 어울리면서 상하이만의 독특한 문화가 형성되었다. 요즘 흔히 사용하는 말로 하이브리드적인 특징이 강하게 나타나는 곳이 바로 상하이일 것이다.

종합해서 살펴보면, 상하이 문화는 조금 더 개인적이고 소비지향적이며, 실용을 중시하고 통속적인 특징을 가지고 있다고 하겠다. 또한 상하이는 중국의 다른 지역보다 상대적으로 조금 더 서구의 시민 문화에 가깝다고 정리해볼 수 있겠다.

상하이에서 무엇을 볼 것인가

사드문제로 인해 한중 양국관계는 수교 이래 가장 큰 위기를 맞았다. 중국의 경제 보복은 전방위로 이루어졌다. 당연히 우리의 반중 감정도 커졌다. 무엇보다 중국에 대해 갖고 있던 기존의 인식과 접근법 등은 모두 깨졌고, 이제 중한 관계를 새로 짜야 하는 상황에 놓여 있다. 말이 쉽지 이게 참 어렵다. 하지만 우리에게 중국은 이미 좋든 싫든 같이 갈 수밖에 없는 상대다. 이번 사드 사태는 중국을 정확히 파악하고 분석하는 것이 얼마나 중요한지를, 또 어려운지를 다시 한 번 일깨워준 계기가 되었다.

당연한 이야기지만 중국을 제대로 파악하고 건설적인 한중 관계를 만들어가기 위해서는 중국은 어디로 가는지, 또한 그것이 세계에 어떤 영향을 끼치는 지를 면밀히 관찰해야 한다. 이때 상하이는 중국의 정치, 경제, 문화가 어떻게 변하는지를 볼 수 있는 가장 적합한 도시일 것이다. 물론 중국의 수도는 베이징이지만, 베이징은 권위주의적, 수직적이며 자꾸 감추려드는 과잉보안의 도시라서 좀체 속내를 알 수 없다. 광저우, 텐진, 홍콩 등의 기타 대도시들도 물론 중요하지만 실질적 무게감에서

정안사

상하이에 미치지 못한다. 다시 말해 상하이야말로 중국의 변화를 가장 빠르고 정확하게 파악할 수 있는 곳이라 하겠다.

물론 우리가 상하이에서 보아야 할 것들은 여러 가지다. 겉으로 보이는 화려함과 그 이면에 감춰진 속살을 입체적으로 볼 수 있으면 좋을 것이다. 또한 상하이라는 이 거대한 국제도시가 어떻게 탄생했고, 어떤 과정을 거쳐 오늘날에 이르렀는지에 대한 역사적 배경과 현실적 요구 등을 파악한다면 더더욱 좋을 것 같다. 그리고 앞서 언급했듯이 중국의 미래를 이끌어가는 상하이의 동력과 그에 대한 여러 배경들을 함께 포착할 수 있어야 한다.

상하이, 중국 미래를 이끈다

인공지능, 4차 산업혁명, 요즘 자주 듣게 되는 단어다. 요즘 텔레비전 광고를 보면 진짜 우리가 어떤 시대를 살고 있는 건가 아득해지는 경우가 많다. 앞으로는 더 빠르고 편리한 세상이 펼쳐질 터인데, 한편으로 생각하면 너무 빠르고 거대한 변화를 따라가기가 쉽지 않다.

이렇게 정신없이 바뀌는 세상, 전 세계는 누가 먼저 주도권을 잡을 것인가를 두고 더욱 치열하게 경쟁할 것이다. 이런 상황에서 소위 슈퍼파워로 거듭난 중국 또한 새로운 분야에서 앞서 나가기 위해 전력을 다하고 있고, 변화와 혁신을 통해 세계를 리드하겠다는 야심을 숨기지 않고 있다. 실제로 여러 분야에서 중국은 이미 세계 1위로 올라서고 있다.

상하이의 중요성은 점점 더 커지고 있다. 상하이는 4차 산업 혁명 시대 중국의 변화와 혁신의 메카이자, 장강 델타의 인프라를 바탕으로 세계 최대의 핀테크 시장으로 뻗어나가고 있다. 다시 말해 상하이는 항저우를 비롯해 인근 도시들과 함께 중국의 미래를 이끌고 있다고 해도 과언이 아니다. 가령 알리바바를 비롯, 레노버 등등의 중국 최고 기업들과 수백 개의 글로벌 금융기관들이 바로 이곳에 밀집되어 있다.

조금 더 구체적으로 살펴보자. 항저우에 본사를 두고 있는 알리바바 그룹은 너무나 잘 알려져 있는 세계 최대의 전자상거래 업체로, 중국 경제 발전의 한 상징과도 같은 회사다. 상하이 지엠, 상하이 폭스바겐, 지리 자동차 등은 중국 자동차 산업을 바꾼 혁신적인 회사다. 그 밖에도 중국 최초의 증권거래소인 상하이 증권거래소, 세계 1위의 핀테크 기업으로 선정된 중안(重安) 보험 등 글로벌 금융기관이 여러 개 있다. 뿐만 아니라 보산 철강그룹, 산이 중공업 등 중국 최대, 최고의 중공업 회사들도 이 지역을 대표하는 글로벌 기업이다.

이처럼 상하이와 장강 델타지역은 중국의 경제와 기술 혁신을 주도하는, 경제수도로 막중한 역할을 하고 있다. 상하이가 갈수록 더 중요하다는 것은 바로 이런 연유 때문이다.

상하이를 참고하고 활용해야 한다

'중국의 미래를 보려면 상하이로 가라' 라는 말들을 많이 하는데, 이게 괜히 나온 말은 아닐 것이다. 그만큼 상하이가 중국이라는 나라에서 차지하는 비중과 그 중요도가 크다는 말이고, 앞으로도 계속 중심에서 활발하게 움직일 것이라는 이야기다.

중국의 부상은 많은 이들이 예상했던 바이고, 그것이 현실로 나타난 오늘날 중국은 세계 질서를 빠르게 재편하면서 여러 나라들에게 큰 영향을 끼치고 있다. 지리적으로 밀접한 우리에게도 중국의 부상과 변화는 커다란 의미를 다가오고 있다. 이미우리는 정치, 경제, 문화, 사회 등 모든 면에서 중국과 떼려야뗄 수 없는 밀접한 관계를 맺고 있기 때문에 중국의 일거수 일투족을 정확히 파악하는 것은 매우 중요하다.

그런데 최근 한중관계에 빨간 불이 켜졌고 이 때문에 양국의여러 문제가 불거져나왔다. 기존에 있던 한중관계의 룰, 혹은구조가 뿌리째 흔들리기 시작했다. 이게 과연 우리가 알고 있던 중국인가 싶게 중국은 다른 민낯을 보였고, 우리는 이에 크게 당혹스러워 했다. 이제 한중관계는 기존의 틀을 버리고 완전히 새롭게 짜야 한다는 의견이 강하게 나오고 있다.

중국의 경제문화의 중심지로 늘 새로운 발전모델을 제시하고 중국을 견인해온 상하이는 그래서 우리에게 더욱 중요한 의미로 다가온다. 상하이의 현재와 미래를 정확히 파악하고 관찰하는 것은 나아가 우리에게 중국이 무엇이 될까를 가늠할 수 있는 밑거름이 될 수 있다. 요컨대 상하이를 정확하게 관찰하고 그것을 적극 활용해야 한다. 물론 상하이만 중요한 것은 아니다. 중국의 정치와 정책을 이끄는 것은 당연히 수도 베이징이고, 상하이 말고도 홍콩, 광저우, 충칭, 톈진 등 중국 경제를 움직이는 대도시가 여러 곳이니 중국 각 지역의 변화와 발전 및 그 의미 등을 면밀히 관찰하고 체계적으로 분석해야 한다. 상하이만 강조하는 것은 공허하고 웃기는 이야기다.

또한 강조하고 싶은 점은 상하이는 결코 한 손에 잡히지 않는다는 것이다. 재차 하는 이야기지만 여러 각도에서 입체적이고 객관적으로 살펴야 하고, 나무와 숲을 함께 바라볼 수 있어야 한다. 또한 동시에 상하이의 과거와 현재, 미래를 함께 분석할 수 있을 때라야 보다 분명히 상하이를, 나아가 중국이라는 거대한 나라를 관찰해낼 수 있을 것이다.

황푸강을 바라보며

상하이 시내 한복판을 가로질러 흐르는 황푸강은 상하이의 한 상징이다. 장강의 한 지류로 태평양과 만나는 황푸강은 큰 물줄기를 이루며 넓은 바다를 향해 도도하게 흘러간다. 화물을 가득 싣고 바다로 향하는 배, 반대로 바다에서 상하이로 들어오는 배들이 항상 황푸강을 오르내리고 있고, 상하이의 풍경을 배 위에서 즐기려는 관광객들을 실은 유람선이 늘 황푸강에 떠 있다. 우리가 와이탄이라 부르는 서쪽 강변에는 만국의 건축물들이 화려하게 수놓고 있고, 동쪽으로는 쭉쭉 뻗은 세계적인 마천루들이 즐비하게 서 있는데, 이는 상하이의 과거와 현재를 상징적으로 비추는 풍경이기도 하다. 말 그대로 상하이에는 과거와 현재가 마주보고 공존하고 있는 셈이다.

저 광활하게 흘러가는 황푸강의 물결을 바라보고 있으니 여러 상념들이 떠올랐다 사그러진다. 그렇다고 강물을 보며 굳이 거창하게 역사나 시간의 흐름이 어떻다는 식의 말들을 할 필요는 없을 것이다. 그저 무심한 듯 흘러가는 강물처럼 잠시 내 마음도 두둥실 편하게 놓아두는 것도 좋을 것 같다.

상하이에 대한 나의 이야기는 이쯤에서 마무리해야겠다. 지금까지 여러 각도에서 상하이를 입체적으로 관찰해보려고 노력했는데, 과연 얼마만큼이나 담아낸 것인지는 잘 모르겠다. 필요하다고 생각되는 부분에서는 최대한 거리를 두고 객관적으로 보고자 했지만, 아마도 처음부터 끝까지 상하이에 대한 나의 주관적인 감정, 애정이 군데군데 묻어 있을 것이다.

황푸깅

밖에서 바라보는 상하이

상하이 센티멘털

초판 1쇄 발행일 2018년 10월 31일

글·사진 이종철
펴낸이 박영희
편집 김영림, 박은지
디자인 최민형
마케팅 김유미
인쇄·제본 AP프린팅
펴낸곳 도서출판 어문학사
　　　　서울특별시 도봉구 해등로357 나너울 카운티 1층
　　　　대표전화: 02-998-0094 / 편집부1: 02-998-2267, 편집부2: 02-998-2269
　　　　홈페이지: www.amhbook.com
　　　　트위터: @with_amhbook
　　　　페이스북: https://www.facebook.com/amhbook
　　　　블로그: 네이버 http://blog.naver.com/amhbook
　　　　　　　　다음 http://blog.daum.net/amhbook
　　　　e-mail: am@amhbook.com
　　　　등록: 2004년 7월 26일 제2009-2호

ISBN 978-89-6184-481-9 03910
정가 16,000원

이 도서의 국립중앙도서관 출판시도서목록(CIP)은 e-CIP홈페이지(http://www.nl.go.kr/ecip)와
국가자료공동목록시스템(http://www.nl.go.kr/kolisnet)에서 이용하실 수 있습니다.
(CIP제어번호: CIP2018033142)